SENS

- Andy Hertz -

Tarnița, 2022

SENS

Editare și corectură: Clara L. Popa
Coperta: Etienne Ionulescu

Copyright © 2022 Andy Hertz

Toate drepturile rezervate.

ISBN: 978-973-0-36628-0

    Autorul nu este în niciun fel responsabil pentru orice utilizare abuzivă sau greșită a conținutului. Această carte nu poate fi folosită pentru tratamentul vreunei probleme de sănătate sau ca un substitut pentru planificare familială. Conținutul acestei cărți nu ar trebui să înlocuiască o consultare cu un cadru competent sau un profesionist în domeniile abordate.
    Prezenta publicație nu poate fi reprodusă, stocată într-un sistem de recuperare sau transmisă sub orice formă sau prin orice mijloc electronic, mecanic, înregistrare sau în orice alt mod, fără permisiunea deținătorilor dreptului de autor.
    Toate întâmplările, locurile și personajele din carte sunt fictive și orice asemănare cu realitatea e pur întâmplătoare.

*Pentru Serena,
Anneleen, Marcus,
Francesca, Chris și Arthur
Cu toată dragostea*

1	Introducere	
2	Ciudații	25
3	Tabăra din pădure	35
4	În jurul focului	55
5	Frunză	73
6	Onix	101
7	Tigru	121
8	Licurici	133
9	Ocean	145
10	Soare	165
11	Timp	183
12	Întoarcerea	203
13	FAGUL CEL MARE	217
14	Întâlnirea	221
15	Ieșirea din cerc	229
16	Încheiere	239

MĂ NUMESC MARCO și locuiesc la marginea unei păduri despre care se spune că e blestemată. Dacă aș fi știut că, nu departe de casa mea, niște ciudați își petrec serile cu ochii închiși, înconjurați de lumânări aprinse, m-aș fi întors pe călcâie și aș fi luat-o la vale fără să clipesc. Dar n-am bănuit nimic.

Era trecut de amiaza zilei și septembrie picta cu ruginiu frunzele pe care vântul încă nu venise să le smulgă din copaci. Mă țineam de scaunul din dreapta al ARO-IMS-ului vechi și zgomotos, dar încă puternic în urcare, care descheia ca un fermoar iarba din mijlocul drumului.

- *Asta-i casa!* a strigat Denis, iar eu mai mult i-am citit cuvintele pe buze, în timp ce făcea manevrele de parcare și corpul i se legăna odată cu brăduțul parfumat atârnat de oglindă.

A oprit, a răsucit cheia din contact, iar motorul s-a mai rotit de câteva ori și, după o smucitură puternică, s-a făcut liniște. Acum puteam să ne auzim.

- Asta-i casa! a repetat pădurarul, încărunțit cam devreme.

Într-o mână țineam pachetul de țigări și bricheta, iar cu cealaltă am trântit portiera mașinii, de parcă mi-aș fi aruncat un fular peste umăr. *Trosc!* Câteva păsări s-au speriat și au țâșnit dintre frunzele rămase încă în nucul din curte.

Pe Denis l-am cunoscut cu câteva zeci de minute mai devreme, jos în sat. Bucuroși amândoi, el că eram interesat de locurile lui natale, iar eu, că l-am găsit și că și-a făcut timp să-mi prezinte o casă.

- Au mai venit câțiva la munte, îmi explica mândru, în timp ce eu, înaintând prin iarba necosită, eram plecat cu gândul în viitor, imaginându-mă deja trăind aici. Dar am revenit:

- Dacă e frumos acum, mă gândesc că atunci când înfloresc cireșii trebuie să fie ca-n povești. Poți suna proprietarul? l-am întrebat, privindu-l cu ochii unui copil care-și lipește nasul de-o vitrină cu înghețată.

Umblasem pe drumuri, vreo trei săptămâni, în căutarea unei case și îmi pierdusem speranța de-a o găsi pe cea potrivită. Dar, iată, era la capătul unui drum îngust și plin de curbe, care urcă de la șoseaua principală a satului, șerpuind printre câteva gospodării înconjurate de largi terenuri înclinate în valuri.

În scurt timp, am devenit stăpân peste două corpuri de casă, o șură și un teren generos.

Primisem o cheie ruginită de la fostul proprietar. *Poți s-o atârni într-un cui și s-o lași acolo. În sat nu cheile au grijă de case, ci câinii și topoarele*, mi-a zis el despre locul în care trecerea unui automobil te face să te ridici din pat și să te repezi la geam ca să nu ratezi minunea.

Am semnat actele.

Am patru câini acum, dar atunci doar doi formau

serviciul de pază în noua mea viață la munte. Iar cheia stă și acum neatinsă, într-un cui la fel de ruginit ca și ea.

Au trecut puține zile până când am cazat primii voluntari, un cuplu de spanioli, care nu doar că m-au ajutat să scot saci de gunoi cu lucruri vechi și inutile din încăperi, dar au măturat și podurile, în timp ce eu am refăcut instalația electrică, un lucru la care mă pricep, pentru că l-am făcut zi de zi în Londra, timp de câțiva ani. Au plecat după o săptămână - atât ne-am înțeles că vor sta, luând cu ei o parte din experiența unui nou început la țară, într-o casă veche și uitată parcă, pe care și vecinii o credeau pustie pe vecie. *Aș fi pariat tot ce am pe faptul că nu va mai veni nimeni vreodată să locuiască în casa aia*, zisese într-o zi, la barul satului, unul dintre vecinii din vale.

Dar iată-mă pe mine, construind garduri și cățărându-mă pe acoperiș ca să schimb țigle sparte.

După mulți ani în care păienjenii domniseră prin colțuri de cameră sau printre geamuri sparte, iar șoarecii își făcuseră un adevărat regat în încăperi, acum înăuntru mirosea a curat și proaspăt - casa devenea tot mai confortabilă. Sobele așteptau să ardă lemnele clădite în spatele bucătăriei și să arunce petice de lumină pe pereți în întunericul nopții. Instalația visată de ultimii locuitori ai casei, aducea, iată, apă de la șaptezeci de metri distanță, prin cădere. Țiglele stăteau din nou la locul lor, nemailăsând apa de ploaie să distrugă tavanele.

Pe toate acestea le-am făcut înainte de venirea

zăpezii, când încă vedeam uneori oameni cu rucsaci mari în spinare, urcând sau coborând drumul muntelui. Nu-i luam în seamă, nici nu mă deranjau şi nici nu mă bucurau. Până în primăvară n-am mai zărit nici un trecător, deşi e posibil sa fi trecut câţiva.

Cu greu se sfârşise iarna, cu plapuma ei de zăpadă peste sat şi peste arătura din toamnă a noii mele grădini, iar soarele primăverii lui 2018 scotea oamenii prin ogrăzi. Îi salutam în drum către magazin sau către oraş. La munte verile sunt scurte, iar zilele calde nu încep prea devreme. Încă făceam focul, deşi prin alte părţi oamenii umblă în tricou în lunile martie sau aprilie. De când am venit, o mulţime de prieteni mi-au trecut pragul, rămânând cu zilele, cântând, gătind şi relaxându-ne împreună.

Iar primăvara aducea din nou călători pe drum. Îi zăream după ce îi lătrau câinii, altfel nu mi-ar fi atras atenţia.

Dar să mă întorc la una din nopţile de iarnă, care a fost mai lungă decât toate, pentru că am văzut ceva de speriat. Fiţi atenţi!

Într-un miez de noapte, atât de întunecată încât părea că lumina dispăruse pentru totdeauna, m-am pus să dorm în camera dinspre drum. Pentru că mă luasem cu una-alta şi apoi mă apucasem şi de citit, se făcuse târziu, iar câinii începuseră să latre chiar după ce am stins becul şi m-am întins pe burtă – cum îmi place mie să mă odihnesc. Eram aproape adormit când gălăgia lor mi-a deschis brusc ochii şi mi s-a părut că văd o dâră de lumină pe peretele opus. Dar cât am clipit, a şi dispărut. Era o altfel de lumină decât cea pe care focul o arunca pe pereți prin sticla ușii de la sobă. Până atunci, nu credeam că într-un loc atât de retras e nevoie de draperii. Am coborât din pat și am ieșit pe terasa dinspre curte, crezând că a venit cineva la mine, dar câinii lătrau nemișcați în cealaltă parte a casei, către drum. Mă miram că nu s-au dus să latre mai în drum, cum făceau de obicei. Am coborât treptele către ei prin beznă, în papuci de casă, afundându-mi picioarele în zăpada rece, iar câinii s-au liniștit. Albul zăpezii era și el pierdut în întuneric. Dar prin beznă, undeva printre copaci și printre fulgii de zăpadă, pentru o clipă, am văzut din nou lumina, acolo unde se termină drumul și începe pădurea. *Să fi urcat totuși cineva pe drum? Nu se poate la ora asta! Dar și câinilor să li se fi părut? Sigur că a urcat!*

M-am întors după lanternă și am coborât în grabă la drum cu câinii după mine. Simțeam fulgii de zăpadă căzându-mi ușor pe mâini, dar se așezau și pe urmele proaspete de pași.

Ce puteam să fac? Am urcat spre casă, scuturându-mă de frig și de zăpadă, și cu greu am adormit, mult mai târziu, răsucind așternuturile sub mine. Sincer să fiu, m-a cuprins teama, chiar dacă aveam doi câini mari în curte. Cineva i-a speriat umblând pe drumul dinspre pădure în toiul nopții și i-a ținut să latre pe loc – straniu. Cineva a trecut pe drum ca o fantomă, într-un moment în care n-ai nici de ce și nici unde să te duci în acea direcție. Și m-am lămurit dimineață - nu fusese un vis!

Conturul urmelor acoperite de zăpada care a mai căzut până în zorii zilei dovedea că treaba necurată chiar s-a întâmplat. *Fir-ar să fie, dacă aș fi știut înainte să cumpăr casa!* mi-am zis. *La noapte iar o să stau cu ochii pe pereți!* Și așa a și fost.

Ziua s-a sfârșit și se apropia miezul nopții, iar întunericul de afară îmi dădea fiori reci pe șira spinării. Mi-aș fi dorit să am o draperie pe care să o trag peste toată ciudățenia din noaptea trecută, să ascund nu doar geamul, ci și întâmplarea, și chiar pățania lui Paul (ajung imediat acolo). *O draperie nu poate acoperi pădurea,* mi-am spus în gând și m-am așezat în pat.

În întuneric, cu ochii larg deschiși și pupilele dilatate, priveam câteva pete de lumină scânteind din sobă pe pereți, așteptând. Respiram repede, pe gură, și burta mi se strângea de la sine. Iar cu urechea dreaptă, care nu era pe pernă, absorbeam orice sunet, oricât de mic, ca într-un vârtej silențios sau – mai bine zis - ca o tornadă care se termină în ureche și rotirea ei agresivă nu se aude deloc - doar prinde sunetele și le trage înăuntru. Peste noapte am ieșit de câteva ori să văd că-s câinii pe lângă casă și da, câinii erau lângă casă. Mi-am sprijinit toporul de perete, lângă pat, de unde puteam să-l apuc într-o clipă, la cea mai mică scârțâitură de podea. Lumina n-a mai apărut, iar eu am adormit târziu, spre dimineață.

Dar asta n-a fost tot. Aveți răbdare, să vă spun de ce eram și mai speriat decât vă imaginați. Și voi v-ați fi speriat, nu? Stați să vedeți ce s-a întâmplat în continuare.

Eram mai speriat decât credeți pentru că mi-am amintit de pățania din toamnă a lui Paul. Până atunci mi se păruse o glumă, adică, sincer să fiu, nu l-am crezut.

Ne-am cunoscut înainte de venirea iernii și ne-am împrietenit. E un tip slăbuț, încă tânăr, pasionat de muzică. Nu e prea înalt, și ba are plete, ba se tunde la chelie, iar când își lasă mustață și e tuns scurt, seamănă cu solistul celei mai tari trupe rock din toate timpurile. În toamnă, a stat câteva zile la mine ca să-și caute un teren în pădure și să-l cumpere, iar în schimb m-a ajutat la lucru. L-a și găsit repede, într-un loc îndepărtat de sat, știut de toți oamenii de aici drept *FAGUL CEL MARE*. S-a dus să doarmă acolo o noapte, cu cortul. Știu, sună ciudat. Acum locuiește în sat, dar atunci visa să-și construiască o cabană, ceea ce a și făcut până la urmă, dar nu la *FAGUL CEL MARE*.

Să nu pierd firul, povestea lui m-a speriat abia după ce am văzut lumina din noapte. Dacă n-aș fi aflat pățania lui Paul, aș fi pus urmele din zăpadă și lumina pe seama vreunui sătean care putea, de exemplu, să-și fi căutat vreo oaie rătăcită.

Paul plecase într-o seară de toamnă către pădure, iar eu îi urasem succes. Orele au trecut ca și cum nici n-ar fi fost și m-am trezit când încă nu se luminase afară. Cu lanterna pe cap, am ieșit să tai niște vreascuri ca să fac focul în soba din bucătărie. Câinii erau plecați pe undeva, pentru că nu aveam încă garduri. După prima lovitură de topor, o pasăre mare și-a luat zborul din copacul dezgolit de frunze sub care mă aflam, iar bătăile de aripi m-au făcut să îmi ridic privirea și să zăresc o siluetă. Venea spre mine.

- Paul? am întrebat, simțindu-mi pulsul crescut într-o clipită.

- 'Neața, zise el, apropiindu-se. Noroc că ești treaz,

altfel îți băteam în geam!

Venise din pădure după noaptea de probă pe terenul pe care, cu o zi înainte, visase să-l cumpere. Am luat vreascurile și ne-am dus înăuntru.

- Pari nedormit! i-am spus, văzându-i cearcănele în lumina din bucătărie.

- N-am dormit prea mult.

Era vizibil tulburat. M-am așezat pe un scăunel și am aranjat câteva așchii de lemn peste o hârtie mototolită în sobă, văzând cu coada ochiului cum și-a aruncat rucsacul pe colțar și s-a așezat.

- Unde ți-e cortul? l-am întrebat, aprinzând chibritul și punându-l între hârtii.

- Lasă-mă! Nici nu știu cum să-ți spun. Cortul e acolo, o să-l iau altădată.

Și-a pus mâinile una peste alta pe masă, culcându-și capul pe ele. Dar s-a îndreptat imediat.

După ce a ieșit puțin fum pe lângă plită, focul a început să ardă vâlvoi.

- Te-ai întâlnit cu vreun urs la *FAGUL CEL MARE*?

- Pune de-o cafea! zise Paul, ridicându-se și făcând doi pași fără țintă.

- Ce s-a întâmplat?

Eram contrariat.

- Am văzut un om, sau ce-o fi fost! zise el și se trânti ca un lemn înapoi pe colțar, obosit și confuz.

- Poftim?

- Da! Noaptea, târziu, mult după miezul nopții.

- Ai văzut un om în pădure?

- A fugit de mine!

- Noroc că n-a fugit după tine! am chicotit eu. În pădure l-ai văzut?

- L-am strigat, dar nu s-a oprit! Atunci m-am speriat mai tare.
- La FAG?
- Da mă, în pădure, unde dracu era să-l văd?! Nu avea păr pe cap!
- Și ce făcea? Ce-a zis?
- Tu n-auzi? S-a ascuns, s-a pierdut printre copaci. A fugit!
- Ești sigur că n-ai visat?
- Hai, mă! Vedeam și muntele de peste vale, cum era să mi se pară? Era lună plină. Cortul era luminat în interior de parcă ar fi bătut pe el farurile unei mașini. Afară cred că puteam citi o carte.
- Ai fumat ceva înainte să te culci?
- Vezi, de asta nu știam cum să-ți spun și dacă să-ți spun, că mă iei în râs!
- Tare ciudat! i-am zis, deși nu știam ce să cred.

De fapt, nu l-am crezut. Nu ne cunoșteam suficient, iar atunci, sincer să fiu, am crezut că e nebun.
- Sunt și eu la fel de ciudat!

Privea în jos căutând cu ochii, ca și cum ar fi pierdut un obiect de valoare și încerca să-l găsească.
- Cam da! i-am zis, fără ocoliș.
- Oricum, omul ăla nu e în regulă! Băi, stătea și se uita la lună în sălbăticie cu mâinile ridicate! Tu înțelegi ce-ți spun?
- Păi tu nu dormeai în cort?
- M-am trezit și am ieșit să mă piș!
- Stătea pur și simplu și se uita la lună?
- Chiar așa, de groază! Nu se putea mai rău. Cum să stai și să te uiți la luna plină noaptea cu mâinile ridicate, undeva la mama dracului? Apoi să fugi!

E nebun! mi-am spus. *Paul e nebun de legat!* Cum altfel să vrei să-ți cumperi un teren în mijlocul pădurii? În final, și-a luat un alt teren pe aceeași vale cu mine, dar pe cealaltă parte. Și m-am bucurat! Mă gândeam că, dacă e nebun, măcar să stea pe partea lui. Dar dacă eram și eu nebun?

Prin noiembrie, Paul a plecat pentru câteva luni în Italia. Însă abia după episodul cu lumina misterioasă, povestea lui m-a îngrozit cu adevărat: *Am venit într-un loc dat dracului!*

Și bineînțeles că n-am așteptat prea mult ca să aflu dacă chiar am venit într-un loc dat dracului.

Barul satului e și magazin și, totodată, locul în care poți afla orice, chiar și conspirații mondiale, nu doar banalele întâmplări locale. Am coborât pe jos, prin zăpadă. N-am văzut urme de pași, decât de pe la jumătatea drumului la vale, de la casa unui bătrânel uscățiv, care coboară în fiecare zi în sat, semn că nu-i place singurătatea. *Cui naiba îi place singurătatea?*

Pe bătrânel l-am găsit la o masă, desigur, povestind cu un alt sătean, care a plecat în timp ce eu mi-am cumpărat pâine și țigări. Îl luasem cu mașina de pe drum într-o zi ploioasă, așa că ne cunoșteam. M-am așezat pe scaunul din fața lui. Am rămas doar noi doi și barmanul, care aprinse câteva becuri chioare.

- Ce bei, nenea Ion?

- Eu dau, zise, vrând probabil să-și plătească drumul de când l-am dus acasă, pentru că pe aici, chiar dacă oamenii nu o fac în mod conștient, nimic nu rămâne neplătit.

- Beau ce bei şi dumneata!
- Mai adu două, zise el cu glas tare către barman, şi într-o clipă, fără să-şi miște picioarele, se întoarse către bar cu două degete ridicate.

După ce am schimbat câteva vorbe despre vreme, Victor ne-a pus în faţă două pahare conice cu votcă.

- Hai noroc, îmi ură nea Ion.
- Sănătate! i-am răspuns, ridicând paharul către al lui.

Am ciocnit, cum se face la primul pahar.

O votcă se potrivea după drumul prin zăpadă, ca o bere rece într-o zi de vară, deşi numai gândul la tărie în căldura sobei metalice înroşită de foc în mod normal m-ar fi moleşit. Eu însă aveam să port o discuţie importantă cu omul din faţa mea, aşa că mi-am scos hainele groase, rămânând în tricou.

- Nea Ion, spune-mi, te rog, ce vizitează oamenii care urcă spre pădure?
- Păi tu nu îi cunoşti? întrebă el, scoţând cu calm o țigară din pachet, fără să mă privească în ochi.
- De unde să-i cunosc? Doar ce am venit de câteva luni! Umblă şi noaptea, am continuat eu.
- La dracu' se duc, răspunse el, aruncându-şi ochii spre mine şi dând foc la țigara pe care şi-o puse în colțul gurii. Mă duci acasă? întrebă cu jumătatea liberă de gură, mişcând totodată țigara cu cealaltă.

Trase al doilea fum şi îl suflă către tavan.

- Sunt pe jos, dar mergem împreună.

Mă va încetini în mersul la deal, m-am trezit că îmi zic în gând, dar oricum nu mă grăbeam nicăieri.

Victor, barmanul, se aşezase cu noi la masă, auzind

discuția, pentru că lui nimic nu-i scapă. Încăperea nu e mare, iar la țară e greu să păstrezi un secret.

- Chiar nu-i cunoști? întrebă Victor, lipindu-și burta mare de masă și împingând scrumiera cu cotul.

S-a aplecat spre mine în așteptarea răspunsului, mușcându-și buza de jos. Ochii îi erau sub nivelul umerilor, iar părul alb de pe cap îi era mai scurt decât barba nerasă de câteva zile.

- Nu-i cunosc, domnule! i-am răspuns sincer. De unde să-i cunosc? Dacă îi cunoșteam, nu mai întrebam!

- Eram sigur că ești cu ei! E lucru necurat, zise el, dând din cap în stânga și-n dreapta, ca și cum s-ar fi scuturat de frig.

- Mă mir că n-am aflat nimic până acum, dacă știți ce se întâmplă! Sau nu știți?

- E o pădure blestemată, vorbi nea Ion, uitându-se în paharul cu votcă. Dar nu era așa înainte să vină ei.

- Ai grijă, că ești ultimul din sat. Sau primul dinspre pădure! mă preveni Victor, ridicându-și bărbia și fixându-mă cu privirea.

- Unde se duc pe drum? am întrebat, nerăbdător să aflu, dar și cu teamă, pentru că da, locuiam lângă pădure și cuvintele lui Victor mă îngrijorau.

- Vin, pleacă... par normali, dar nu știe nimeni ce fac. Sunt mulți. Să nu vină pe tine! Pădurarul zice că își aprind lumânări seara și se pun în cerc cu ochii închiși, înțelegi? Treburi necurate!

Pe Denis nu l-am mai întâlnit și nu pomenise nimic de oamenii din pădure ultima dată când l-am văzut.

Am dat băutura pe gât.

- La magazin nu vin? l-am întrebat pe Victor.

- Intră, dar nu vor să spună.

- Măcar faci un ban cinstit.
- Aia da! zise el.
- Ce cumpără? Alcool, țigări?

Victor dădu din cap că nu.
- Și atunci, ce?
- Apă pentru drum, fructe, semințe, pixuri, orez... Mai bei un pahar?
- Nu mai beau, o iau spre casă, i-am răspuns, și m-am îmbrăcat de plecare.
- Vin și eu, zise nea Ion.
- Poliția nu i-a scos din pădure? am continuat eu, în timp ce-mi îmbrăcam bluza, tot sperând să aflu ceva concret.
- Nu știu ce fac, dar nimeni nu se ia de ei. Ai grijă, zise Victor, ascunzându-se în spatele barului.

L-am lăsat să spele vase, iar eu și nea Ion ne-am dus către casele noastre, povestind și alunecând ici-colo pe ghețuș. Ne-am despărțit la jumătatea drumului, în dreptul casei lui, sub un copac plin de zăpadă din care atârnau țurțuri de gheață.
- Ai grijă, nu te pune cu necuratu'! Mai bine cheamă popa să facă o sfeștanie! strigă nea Ion în urma mea, ridicându-și basca în semn de salut.

Nelămurit și îngrijorat, am plecat mai departe. Aveam de mers încă un kilometru.

De Denis n-am dat (sau n-am vrut să dau), iar povestea celor din pădure a rămas într-un colț din mintea mea, aparent uitată. La bar și prin vecini aceleași povești, nimic nou. Au mai venit prieteni, ne-am plimbat prin pădure, am mai lucrat una alta, dar nimic interesant nu s-a mai întâmplat și nimic n-am mai aflat până la venirea lui Sebastian.

După câteva luni

Se apropia vara, iar călătorii treceau din nou pe drum. Eu îl așteptam pe Sebastian. Mi-a scris că îmi va face o vizită și că are ceva să-mi spună despre locul ăsta. ...*vorbim acolo, te salut!* așa și-a încheiat emailul.

Sebastian are figură de nordic, e înalt, blond și solid. Ne-am cunoscut la un eveniment cu multe luni în urmă și am păstrat legătura prin email. După ce a aflat unde m-am mutat, părea nerăbdător să ajungă la mine.

Într-o dimineață, m-am trezit cu el. Lucram la garduri.

- Mă bucur să te revăd, îmi spuse, în timp ce ne îmbrățișam amical în poarta construită abia pe jumătate.

- Și eu mă bucur. Bine ai venit!
- Nu doar la tine am venit. Sunt în trecere.
- Mă faci curios! am replicat eu.
- Hai, arată-mi casa! Locul e super tare! exclamă Sebastian entuziasmat și, pesemne, bucuros pentru mine.
- Sigur, dar nu știu de unde să începem. Haide să vezi terenul mai întâi.

După ce ne-am învârtit în jurul casei și am ajuns în livadă, Sebastian mi-a explicat:

- Mai sus de tine locuiesc șapte oameni, de vreo trei ani. Vin mulți alții la ei, în tabere.

Asta am intuit deja, dar ce naiba fac acolo?

- Și atunci de ce lumea din sat spune că sunt ciudați și că pădurea e blestemată?

- Îți dai seama că nu vor să fie deranjați! Li s-ar da toate peste cap. Evită contactul cu cei din zonă ca să aibă intimitate. E greu de înțeles ce fac ei în pădure.
- Ce fac acolo?
- Un fel de tabere de vindecare. E mult de povestit. Ar trebui să mergi și să vezi cu ochii tăi.
- Pentru ce?
- Ți-ar folosi, chiar și dacă nu ai vreo problemă. Te întorci alt om!
- Cum au ajuns aici?
- E o poveste lungă. O să-i cunoști, dar nu astăzi. Mai întâi să vorbesc eu cu ei. Sunt oameni deosebiți!

Foarte deosebiți!

- Dacă zici tu...
- O să-ți prindă bine!
- Înțeleg că ai mai fost acolo, i-am zis.
- Sigur, chiar de mai multe ori!
- Unde stau?
- E complicat să-ți explic, mai degrabă ți-aș arăta. Zona se numește *FAGUL CEL MARE*.
- Arată-mi pe hartă, i-am spus, în timp ce am scos telefonul. Uite, aici suntem noi, i-am zis, punând degetul pe bulina roșie care clipea pe harta online.
- Păi uite, zise Sebastian, urc până la o cruce. Dar nu știu unde e crucea pe hartă.
- Pe aici pe undeva, i-am arătat eu.
- Așa! La cruce fac dreapta și apoi... nu îmi dau seama... Îți explic când mă întorc!
- Dar ei cum stau acolo? Au case în pământ?
- Cum să stea în pământ?! Au niște rulote și o șură.
- Dar cum au urcat rulotele?
- Cu tractorul, pe cealaltă parte a muntelui. Sunt mai

multe drumuri către tabără. Iar șura era acolo, construită pentru animale și fân. Oamenii își duceau animalele la păscut în acele locuri mai demult. Acum tot mai puțini cresc animale.

- Sunt mai multe drumuri, zici! i-am spus eu mirat.

Sebastian privi către soare și apoi către muntele de peste vale.

- Mă întorc în câteva ore!
- Te aștept să-mi povestești mai multe. Ai grijă de tine!
- Fii serios, răspunse el.

Mi-a mai povestit despre el și noua lui iubită, iar eu i-am arătat fiecare colț al casei, noul panou electric și diverse lucrări făcute, apoi Sebastian și-a luat bocancii din mașină, s-a încălțat, și-a pus rucsacul în spinare și a plecat la drum spre pădure, în timp ce eu îl priveam lung de dincoace de gardul pe jumătate construit. A dispărut printre copaci.

Așadar, în toamnă, după ce m-am stabilit aici, am văzut uneori turiști urcând pe munte, dar în cele câteva luni pe care le trăisem în casa de la marginea pădurii, nu m-am întrebat unde anume se duceau. Nu i-aș fi bănuit că ar avea legătură cu lumina din noapte și nici cu lunaticul care l-a speriat pe Paul. Credeam că se plimbă pe munte. Într-un final am înțeles că nu sunt turiști ai muntelui, ci sunt călători pe drumul înțelegerii propriilor lor vieți. Asta o să vă placă cel mai mult, dar e nevoie de câteva detalii suplimentare ca să înțelegeți contextul.

Paul își petrecuse, deci, iarna în Italia, dar se întorsese de câteva zile, odată cu soarele care topea zăpezile. A stat vreo cinci ani într-o rulotă şi cred că îi venea tare simplu să se mute într-un cort sau într-o casă părăsită în timp ce muncea la construcţia cabanei lui. Nici n-a venit bine înapoi şi s-a apucat de treabă. Terenul lui, v-am spus, e pe cealaltă parte a văii, dar nu-l găseşti uşor. Doar dacă ştii pe ce cărare să intri de la drum şi pe unde să o iei. El avea să mă ajute, fiind singurul om potrivit să vadă de casă şi de voluntarii pe care urma să-i primesc.

În aşteptarea lui Sebastian din lumea de poveste de mai sus de casa mea, am să vă duc repede până la Londra, unde am locuit nu cu mult timp în urmă. Nici n-aş fi bănuit atunci că, iată, după un concediu scurt în Munţii Apuseni, aveam să devin şi eu un om al muntelui. Am lăsat în Londra un loc de muncă lejer şi sigur, o parte din familie, prieteni, dar am lăsat acolo şi stresul, şi goana, şi unele lucruri care nu îmi făceau existenţa mai bună. Nu vă povestesc despre ieşirile mele şi despre locurile prin care am umblat de când am venit la munte, nici despre evenimentele petrecute în apropiere - nu cred că vă interesează atât de mult. Vreau doar să spun că totul e cum mi-am dorit. Încep să-mi iasă câteva fire albe de păr, dar asta nu mă sperie deloc. Mai mult mă sperie gândul că aş putea, prin cine ştie ce întâmplare, să trebuiască să revin la o viaţă *normală*, în oraş. Chiar că sună îngrozitor: să mă trezesc eu din nou dimineaţa ca să plec la muncă. Desigur, muncesc în fiecare zi, dar în tihnă, iar diferenţa e ca de la cer la pământ. Oricum, mi-a folosit să umblu prin lume înainte să fac pasul ăsta, ca să ştiu şi eu ce se petrece peste mări şi ţări. Acum, pentru că se apropie Sebastian (chiar dacă nu-l vedeţi încă, e pe drum spre noi), vă mai spun doar că, uneori, în primele săptămâni aici, mă trezeam dimineața și, cu ochii încă închiși, mă chinuiam să-mi amintesc dacă eram în Londra sau în Apuseni.

Toți oamenii fac lucruri diverse, dar unii dintre ei trăiesc momente deosebite. Chiar acum când voi citiți povestea mea, cineva se zbate în hamuri la balamuc, în timp ce altcineva aude voci în întuneric. Cineva citește într-o bibliotecă și altcineva gătește sau îngrijește florile. Ei bine, sus, în pădure, se întâmplă ceva cu totul deosebit și cu siguranța o să vă placă. Povestea ce urmează s-ar putea să vă schimbe viața. Mie mi-a schimbat-o! Și mă bucur să mă întorc la început, scriind, ca să o descoperim împreună. Dar să revenim. Trecuseră câteva ore bune, iar Sebastian era foarte aproape.

CIUDAȚII

CÂINII AU ÎNCEPUT să latre, parcă mai mândri, dar și mai răi, de după gardul de către drum, în timp ce eu măsuram niște leațuri. Sebastian intră în curte prin locul în care încă nu bătusem scândurile, și eu mă grăbii să potolesc câinii. Ne-am strâns mâinile, schimbând câteva vorbe, în drumul de vreo cincisprezece pași până la terasa de lângă bucătărie.

- Vrei un ceai? l-am întrebat, arătând în glumă spre sticlele de bere scufundate într-o găleată cu apă rece.

- Ha ha! Bere nu, pentru că plec, dar o cafea nu refuz. Avem de povestit.

Se așeză la masa de sub acoperișul terasei.

- Pune-ți zahăr dacă vrei, i-am spus, turnând cafea în cănile pregătite lângă un borcan cu zahăr brun.

- Chiar avem de povestit, spuse el, privind departe.

Sebastian se afla în trecere, în drumul către noua lui casă de lângă orașul în care locuiește iubita lui.

- Sunt luptători ai binelui, dar sunt atenți la necunoscuți.

- Auzi, cred că e prea mult. Nu știu dacă vreau să mă implic, i-am spus eu.

- E decizia ta! Dar dacă vei merge la ei, vei deveni de-al lor. Nu va mai fi nimic la fel pe urmă.
- Păi tu crezi că aşa mă convingi să merg?
- Hai, nu fi copil! O să fie mişto!
- Tare mişto sună – *nimic nu va mai fi la fel*, îl îngânai eu.
Sebastian izbucni în râs şi cu greu se stăpâni.
- Ai încredere în mine! I-ai văzut pe drum? întrebă, masându-şi fruntea cu degetele.
- I-am văzut şi noaptea! Şi am un prieten care l-a văzut pe unul dintre ei în pădure. S-a speriat. Uneori, am văzut oameni urcând pe drum, dar i-am lăsat în pace. Înţeleg nevoia lor de a păstra curat acel loc secret, dar tot sunt ciudaţi.
- Auzi, ei urcă şi coboară pe mai multe părţi, ca să nu fie văzuţi prea des. Ba coboară pe la capătul satului sau pe cealaltă vale, ba prin cătunele din nord, ba pe partea dinspre Alba. Nu mai ştiu cum îi spune, cred că Ruşi. Lângă Buteni mai e un pâlc de case şi un drum, dincolo, către Zlatna. Au mai multe căi de acces, lucru la care s-au gândit înainte să cumpere terenul. Din cauza asta trec rar. E un pădurar din sat prieten cu ei, dar lumea nu ştie. S-au împrietenit mai demult. O să-ţi povestească ei cu timpul. Eu i-am vizitat de multe ori.
- Mulţi zic că e lucru' dracului acolo!
- Le-am povestit că te-ai mutat aici. Ştiau şi ei că e cineva nou venit, pentru că nu e greu să deosebeşti o casă părăsită de una locuită, mai ales pe un astfel de drum.
- Nu ştiu dacă să mă implic! Am multe de făcut, vin şi voluntari...
Sebastian se aplecă spre mine cu ochi rugători:

- Au nevoie de tine!
- Poftim?
- Au nevoie să îi ajuți, iar tu ai un motiv să mergi. Li s-a defectat panoul electric și au frigiderul plin cu mâncare. Le-am promis că te conving să mergi. N-o să-ți pară rău.

Stăteam față în față la masa de pe terasă, privindu-ne chiar pe sub pălăria becului atârnat de grindă, ca la o masă de poker.

- Te duci? întrebă el scurt, pe un ton grav.
- Nu știu ce să zic!

Chiar nu știam! M-am întors și am ridicat mâna, măsurând cu palma distanța rămasă între soare și creasta muntelui de peste vale.

- Ce faci?
- Mă uit la ceas! Uite, intră numai patru degete între soare și linia muntelui, adică mai e o oră până la apus.
- Nu contează ce spune lumea. Cu siguranță, din afară par niște sălbatici.
- Ciudați-sălbatici!
- M-au ajutat de atâtea ori. Fă-o pentru mine!

Oare sătenii mă vor vedea ca pe un ciudat și pe mine?

Nu întâlnisem niciodată oameni atât de... interesanți, iar acum aveam o nebănuită ocazie.

- Bine, mă duc! Altfel n-am să stau liniștit. Și, oricum, sunt un ciudat numai pentru că m-am mutat aici, am concluzionat eu, chiar dacă totul mi se părea nebunesc.
- Ia cu tine câteva scule..
- Bine, dar dacă o să mă facă friptură, să știi că o să te bântui până la sfârșitul zilelor tale!

Sebastian a râs, apoi a continuat:
- Au mai chemat meseriași, dar din afara satului.
- Cum ajung la ei?
- Mâine, după răsărit, te va aștepta Daniel unde începe *FAGUL CEL MARE*. Vreau să zic, zona *FAGUL CEL MARE*. Te duci până la cruce. Știi unde e!
- Da, crucea din lemn.
- Exact. Pe urmă o iei la dreapta, treci de curba mare, faci iar la dreapta. De acolo, urci spre stânga și mergi până unde drumul intră pe sub niște copaci mari. Sub acei copaci te oprești și fluieri, îmi explică el.
- Știu locul. Cruce, dreapta, curbă mare, urc spre stânga și merg până la pădure.
- Exact!
- M-am plimbat până acolo, am și alergat până la locul acela de câteva ori, dar n-am văzut urmă de om.
- Au avut ei grijă să nu-i vezi. Știi să fluieri?
- Da, și am o fluieriță militară.
- Perfect! Fluieri de trei ori lung, după care te oprești. Apoi fluieri lung, scurt și iar lung. Aștepți câteva minute, apoi încă o dată. Dacă nu apare nimeni, te întorci acasă și mai vorbim. Sunt vreo 3 kilometri de mers.
- De ce nu au pus indicatoare?
- Nu vor să ajungă oricine la tabăra lor!
- Prietenul venit în sat, Paul, a încercat să-i urmărească, dar dispăreau pur și simplu în pădure. Pesemne că știau să-și facă urmele pierdute.
- Ai încredere, o să-ți placă!
- Ok, i-am răspuns, oftând și ridicând o sprânceană.
- O iau din loc!
- Mănânci ceva înainte?

- Am mâncat. Sunt gata de drum, zise el, iar eu am fluierat de trei ori lung.
- O dată lung, o dată scurt și iar lung. Cred că e din codul Morse. Linie, linie, linie, apoi linie, punct și linie - *ta-ta-ta, ta-ti-ta*.
- Interesant, i-am spus, notând liniile pe agenda telefonului ca să le caut însemnătatea mai târziu.
- Prietene, am drum lung de bătut și vreau să ajung înainte de lăsarea serii. Ne conversăm pe email.
- Sigur!
- Scrie-mi când te întorci, zise, să-mi povestești.
- Așa facem!

Stropi mari de ploaie începuseră să cadă cu zgomot pe masa de tablă atunci când l-am privit pe Sebastian în ochi, strângându-i mâna. Încă nu știam că urma să mă întorc din pădure peste o săptămână. L-am condus la poartă, apoi m-am întors cu fața spre casă și am urcat pe cărarea din iarbă fluierând lung, lung lung, și iar lung, scurt, lung.

M-am așezat pe fotoliu, sub acoperișul terasei, și mi-am aprins o țigară. Ploaia se transforma în cântec, iar eu fluieram lung, lung lung... În depărtare, tuna și fulgera, iar norul negru care acoperea jumătate de cer arăta amenințător. *Și tu ești ciudat*, i-am spus norului. Și l-am sunat pe Paul.

Mai târziu, întins sub plapumă, mă gândeam în întunericul camerei: *Ce fel de oameni ascunde pădurea asta? Pe unii dintre ei i-am întâlnit cu siguranță la magazinul din sat sau pe drum. I-am văzut cărând rucsaci mari și plase, probabil cu mâncare. Oare o fi acolo doamna aceea cu părul alb? Și domnul cu barbă? Păreau trecuți de 50 de ani, poate că aveau chiar 60.*

A doua zi așteptam niște voluntari din Germania și mă stresa gândul că nu voi fi acasă, motiv pentru care l-am rugat pe Paul să vină să-i întâmpine în locul meu.

Mi-am pregătit de cu seara rucsacul, briceagul elvețian nelipsit din micile mele călătorii, câteva scule, aparatul de măsură, bandă izolatoare și o sticlă cu apă.

Am plecat devreme, înaintea zorilor. Înaintam cu pași mărunți către dimineață, luminându-mi drumul cu lanterna prin întunericul pădurii blestemate.

Printre voluntarii din toamnă a venit la mine și o doamnă, șefa unei companii petroliere din America Latină. N-a mai rezistat, nu mai făcea față psihic volumului de muncă și stresului, astfel că a ales acest loc liniștit pentru că-i lipseau activitatea fizică și natura. Eram înscris ca și gazdă pe una dintre platformele online care facilitează legături între cei care au nevoie de ajutor și cei care vor să ajute. Voluntarii vizitează astfel de locuri din lume în mod autentic, oferindu-și ajutorul în schimbul cazării și hranei. Primesc adăpost, hrană, atenție și au parte de interacțiune cu oamenii, aflând astfel informații despre o țară sau un loc. Dacă în concediu ar sta într-un hotel, s-ar întoarce acasă cu poze și magneți de lipit pe frigider. Aici, în schimb, se integrează în gospodărie, iar înainte de a veni, prin email, discutăm clauzele *contractului*, orele și tipul de muncă propus (adică le spun de dinainte ce vor face, dacă vor grădinări sau vor ajuta la construit și vopsit garduri), ca să nu apară neînțelegeri. Voluntara din

America Latină zicea că vrea să meargă mai departe pe Il Camino del Santiago, un drum de pelerinaj care porneşte la graniţa cu Franţa şi traversează Spania până la mormântul lui Iacob cel Mare, aflat în Catedrala din Santiago de Compostela. *Găseşti monumente, sate, biserici şi hosteluri pe drum. La capăt e marea*, îmi explică ea.

Gândurile acestea mă însoţeau pe micuţul drum prin pădure. Trecând pe lângă crucea din lemn, am luat-o la dreapta, intrând pe un drum neumblat, mărginit pe de-o parte de pădure şi pe cealaltă de o râpă abruptă. Deja eram în lumea sălbatică a muntelui, departe de sat. Câte o pasăre a nopţii zgâria uneori liniştea deplină. Citisem în iarnă *Jurnalul unui Mag* de Paulo Coelho, *Eat Pray Love* de Elizabeth Gilbert, *În pădurile Siberiei* de Sylvain Tesson, *Şapte ani în Tibet* de Heinrich Harrer, şi din fiecare am învăţat destule, dar, până să vin la ţară, nu trăisem o aventură a mea, pe bune, iar acum posibilitatea devenea din ce în ce mai reală.

Să vă spun acum, pe drum, despre omul cu cămaşa ruptă. Ruptă, dar curată. Într-o zi de octombrie, a venit împreună cu nişte prieteni la ziua mea. Nu-i spun numele. Au rămas cu toţii la mine peste noapte şi am petrecut până târziu. A doua zi, văzând că e om bun, l-am întrebat dacă nu vrea o altă cămaşă, a lui fiind ruptă la spate, iar eu având destule în dulap. Nu-l judecam, voiam doar să-l ajut. El, însă, mi-a spus că poartă cămaşa aceea de mai multe luni de zile, ca şi restul de haine de pe el, pentru că în primăvară urma să plece în Mongolia. Pe jos. Povestea lui îmi dădea curaj. *Dacă nu mă descurc cu un rând de haine în țara mea, pe limba mea, atunci nu are rost să plec,* mi-a zis el. Unii oameni simt nevoia să devină mai buni decât alții, iar alții simt nevoia să devină mai buni decât ei înșiși.

Dar să revin, sunt pe drum. Fiți atenți!

Urmând instrucțiunile, am ajuns la locul stabilit pentru întâlnire. Între timp, se crăpase de ziuă. Mai fusesem prin zonă, dar numai până acolo. M-am oprit lângă o băltoacă adunată dintr-un izvor, privind printre copaci. În jurul meu se afla pădurea, altfel decât o văzusem în alte dăți, pe timp de zi. Legănându-mi capul ca o bufniță, am scos fluierița militară și am suflat în ea fără a mai sta pe gânduri. De trei ori lung și, după o scurtă pauză, lung, scurt, și iar lung. Repetasem acasă și acum mi-a ieșit ca un cântec. Câteva păsări și-au luat zborul de prin copaci, dar, în rest, muțenie de mormânt. Îmi țineam respirația și mă concentram să aud ceva, un semn cât de mic, ca să nu mă mai simt singur. Deodată, am auzit o mișcare în spatele meu, mult mai aproape decât m-aș fi așteptat și am înghețat pentru o clipă. Dar m-am întors. Și am încremenit!

- Salut! spuse bărbatul care stătea drept în fața mea, înalt cât mine - adică mare.

Clipea în spatele unor ochelari ca două funduri de borcane.

- Mă numesc Daniel!

Daniel avea o figură prietenoasă.

- M-ai speriat... omule!

Părul lung și negru îi curgea de sub căciula verde din lână peste barba lungă până la piept. Arăta ca un călugăr, iar hainele și, desigur, ochelarii de vedere mi-l prezentau ca pe o ființă de care n-ar fi trebuit să-mi fie teamă. Nu era prea tânăr, dar nici bătrân, ci prea îmblănit ca să-i deduc vârsta în lumina încă vagă, dar după ochi, atât cât mă lăsau zorii zilei să văd, m-am gândit că trebuie să fi trecut de patruzeci de ani.

- N-am vrut să te sperii, dar asta e regula. Mai întâi fluieri, apoi primești răspuns.

- Salut! i-am spus, în timp ce strângerea noastră de mâini, din lumi aparent străine, pecetluia, de fapt, o frumoasă prietenie ce avea să urmeze.

- Sunt Marco!

- Știu cine ești! Mă bucur să te cunosc. Vino, ceilalți ne așteaptă!

Porni înaintea mea, făcându-mi semn să îl urmez.

N-am mai vorbit deloc pe drum. Am sărit peste un pârâiaș și am urcat încă puțin, traversând un loc cu multă ferigă. *Ca să ni se piardă urma,* mi-am spus în gând, dar gândul mi-a pierit imediat, când din ferigă au țâșnit două căprioare, luând-o la goană în lateralul așa-zisului nostru drum. Ne-am oprit și am așteptat să se piardă în pădure, apoi am traversat o dumbravă și am ajuns la destinație. Un câine mare, ciobănesc german, a lătrat de câteva ori, venind către noi și dând din coadă.

TABĂRA DIN PĂDURE

- BINE AI VENIT în lumea noastră magică! zise o femeie cu ochi verzi, zâmbind și ținând mâinile larg deschise.

Era trecută de cincizeci de ani, înaltă, cu postură dreaptă și firavă. Purta haine portocalii, ca de călugăr budist și o eșarfă albastră ca marea, în ton cu cerceii - două pene mari albastre - pe jumătate ascunși de părul ei alb. Pe mâna dreaptă îi străluceau mai multe brățări rotunde în culorile curcubeului. Mi-am amintit că o văzusem la un moment dat pe drum.

- Eu sunt Mama, mi-a șoptit ea, și m-a îmbrățișat ca și când și-ar fi îmbrățișat propriul copil.

Mi s-a făcut pielea de găină.

Daniel m-a speriat, iar Mama m-a emoționat prea tare, pentru că am simțit îmbrățișarea mamei mele.

- Așa îmi spun toți, așa te rog să-mi spui și tu, Mama! Vino cu mine.

Am urmat-o către ceilalți. Stăteau la vatra focului, lângă un ceaun pus la fiert care mirosea a ceai de plante. Mama a strigat în gura mare *A venit Marco!* iar și mai multe voci au răspuns în cor: *Salut, Marco!* Apoi mi i-a prezentat.

- El e Alex, spuse Mama, arătând spre bărbatul zâmbăreț cu părul vâlvoi și cu barba scurtă. Alex e doctorul nostru (Alex e medic, pe bune).

Apoi a pus mâna pe umărul fetei care ședea lângă Alex și a continuat:

- Iar ea e Aura, prietena lui. Și e tare drăguță!

Aura zâmbi, aranjându-și o șuviță de păr după ureche. Arăta ca o domnișoară devenită doamnă de curând - firavă, serioasă și foarte îngrijită.

- Se ocupă de plante, leacuri și tot felul de doctorii. Nu e plantă străină de ea, îmi explică Mama energică și mândră, ca și cum ar fi lăudat pe cineva care nu se afla de față.

- Am studiat biologia și am lucrat în cercetare, zise Aura, dând afirmativ din cap, dar pe un ton sec, ca și cum s-ar fi săturat să-și repete calificările.

- Și Linda, continuă Mama, arătând spre hippioata brunetă de lângă Aura. A terminat psihologia și o pasionează psihoterapia. A scris o carte apreciată de psihologi și a lucrat în asistență socială ca terapeut.

Ne-am salutat din nou, din ochi mai mult, iar Mama, hotărâtă să nu se oprească nici pentru un moment din prezentarea-maraton-fulger, a trecut mai departe. Dar bărbatul următor, un tip înalt, cu trăsături ascuțite, ridică mâna înainte ca ea să deschidă gura. Dacă trebuia să-i ghicesc una dintre calități, după hainele militare de pe el, trăsături și mișcări, m-aș fi gândit că putea să supraviețuiască o viață întreagă în sălbăticie.

- Eu sunt Robert!

Vă puteți imagina un soldat model al trupelor de elită, gata să sară dintr-un elicopter? Așa ar fi arătat

Robert dacă și-ar mai fi pus doar o cască pe cap.

- Pe Daniel l-ai cunoscut, spuse Mama. Ar mai fi Gabriel, dar el va veni mai târziu. Iar el e Radar, câinele lui Robert. De fapt, e al nostru, nu mai e doar al lui, a încheiat ea și apoi, printr-un gest fără cuvinte, m-a invitat să mă așez.

Dar nu m-am așezat, ci m-am prezentat și eu, stând în picioare.

- Eu sunt..., știți, vecinul vostru - oarecum. Cel mai apropiat sătean. Sunt venit din toamnă.
- De unde ai venit, Marco? întrebă Linda.
- Ia un loc cu noi, spuse Mama, și îmi arătă un butuc pe care să mă așez, ceea ce am și făcut.
- Cum ai ales locul? întrebă Alex.
- Păi, să vă răspund pe rând. Am trăit în mai multe locuri, dar am revenit din Londra, și, inspirat de alți neo-rurali, mai exact, de faptele și poveștile lor, am decis să mă mut la țară, la munte. S-a întâmplat să-mi placă satul și zona, dar habar n-am avut despre voi.

Îmi stătea pe limbă să îi întreb despre lumina din noapte și despre omul care privea luna, dar momentul nu mi s-a părut potrivit.

- Bună alegere, spuse Robert.
- Mă bucur să vă cunosc. Am auzit despre voi și o rețin doar pe Mama. Am văzut-o odată pe drum cu un tip cărunt, amândoi cărând niște rucsaci mari.

Am reținut imaginea deosebită a unui cuplu de munțomani cu rucsaci în spinare, amândoi între 50 și 60 de ani.

- E Gabriel, răspunse Mama. O să-l cunoști în curând. Trebuie să se întoarcă.
- Lumea din sat crede că sunteți niște ciudați, am

spus privind către Mama și făcând involuntar cu mâna un cerc în aer.

Mama a început să râdă, urmată de fete, în timp ce Robert a pus cratița cu cafea deoparte și s-a apucat să miște lemnele din foc ca să ardă mai bine – în sat procesul se numește *jărcuire*. Aura s-a ridicat și a adus îndată o tavă cu căni de tablă și un polonic. Îmi aruncă o privire lungă:

- Vrei cafea?
- Sigur, mulțumesc!
- Să vezi cât de ciudați părem în fața unor cunoscuți de-ai noștri! Dar suntem niște ciudați frumoși, nu? zise Mama, și râsul ei se împrăștie pe obrajii tuturor.
- Sebastian mi-a spus că aveți ceva de reparat, am trecut eu la obiect.
- Îți arăt eu despre ce e vorba, după ce bem cafeaua, dacă nu te grăbești, zise Robert.
- Nu mă grăbesc și mă bucur că sunt aici. Voi de unde veniți?

Întrebasem fără țintă, adresându-mă tuturor celorlalți, care priveau tăcuți către foc.

- Venim din viețile noastre anterioare, spuse Aura râzând.

Vru să mai spună ceva și o întrerupse Mama.

- Marco, ar fi mult de povestit, dar pe scurt, ne-am cunoscut cu toții la un centru de terapii alternative. Eram stresați și îmbolnăviți de viețile noastre haotice.

Mama vorbea, iar eu admiram rulotele aranjate în cerc în jurul nostru. Priveam în spatele uneia dintre ele, unde se înălța o clădire mare din lemn.

- Ne-am strâns într-un grup mai mare. Iar noi am decis să plecăm pentru o vreme ca să ne regăsim, să trăim și altceva decât am trăit până atunci. Așa am venit, zise ea, jucându-se cu medalionul ce-i atârna la gât. Am privit în inimile noastre și am venit!

- Și trăiți în rulote! am răspuns eu, împingând-o să continue.

- Da, spuse ea. Plus că am transformat șura în bucătărie și living.

- Cât timp aveți de când sunteți aici?

- Trei ani de zile.

Trei ani!!! mi-am spus în gând. Și mi-am amintit că mi-a spus-o și Sebastian.

- E ceva! am comentat eu cu voce tare.

- Desigur, avem și treburi prin oraș uneori, dar mergem pe rând și nu stăm mult.

- Și ce faceți toată ziua?

- Astăzi vor veni șapte oameni pentru o tabără, spuse ea. Avem fel și fel de activități, dar când suntem doar noi, ne vedem de ale noastre.

- Tabără?...

Nu știam cum să întreb, dar Mama mi-a răspuns.

- Vin oameni cu diverse probleme și încercăm să-i ajutăm. Nu mă refer la boli în special, ci la cauzele relelor din viețile lor, oricare ar fi ele și care pot fi înlăturate. Ne străduim să facem loc sănătății, frumosului și binelui în viețile lor și ale noastre.

Interesant, mi-am spus. Îmi doream și eu așa ceva.

Ceilalți s-au apucat să vorbească de-ale lor. M-am ridicat să privesc în jur, iar Robert s-a ridicat și el, făcându-mi semn să îl urmez. Mi-am umplut cana cu cafea și am luat-o cu mine.

Rulotele aveau panouri solare proprii, dar Robert m-a dus în spatele șurii, unde se afla unul mare. Un panou solar mai mare decât toate celelalte la un loc, amplasat pe un suport din lemn.

- S-a stricat, zise el, în timp ce pipăia unul dintre cablurile ce atârnau pe dedesubt.

- Unde duc firele, la şură?

- Da, vino să vezi.

Am intrat în şură pe o uşă trainică, dar veche, cu prim rol de a elibera sau închide diverse animale pe vremea în care multe dintre locurile împădurite astăzi erau păşuni. Încăperea largă mirosea a lemn şi lumânări. Grinzile care ţineau tavanul erau puse pe lungul încăperii, făcând-o să pară mai mare decât era. Scândurile de deasupra grinzilor arătau impecabil – probabil că cineva le-a recondiţionat. Pe mijloc se afla o masă lungă, de-a lungul căreia se întindeau două bănci lungi şi late, iar la capetele ei două scaune, toate din lemn masiv, vechi, dar canapelele şi fotoliile lipite de pereţii şurii păreau mult mai comode. Un şemineu mare din piatră înfrumuseţa decorul întregii încăperi, iar în cealaltă parte, am rămas uimit să văd o bucătărie utilată cu frigider, aragaz şi chiuvetă. În rest, dulapuri şi corpuri de mobilă, şi tot felul de lucruri utile unui grup mare de oameni. Arăta îmbietor şi intim. Încăpeau mulţi în şură dacă era nevoie.

M-am dus la fereastra înaltă.

- Cu siguranţă asta n-a fost aici când şura adăpostea animale. Voi aţi făcut transformările? l-am întrebat pe Robert, în timp ce ciocăneam cu degetul în rama ferestrei şi priveam afară.

Lângă mine se afla un sfeşnic cu lumânări stinse şi pe jumătate arse, obiect pe care nu te aştepţi să-l găseşti într-o şură de munte. Era aproape cât mine de înalt.

- Avem prieteni, zise el, trăgându-mi șmecherește cu ochiul.
- Aveți și apă?
- Da, vine prin cădere. E un izvor mai sus, în stânga pârâului. Uite, îmi arătă, deschizând o ușă de dulap metalic plin de cabluri și baterii. Aici ajung firele de la panoul mare.

Am lăsat cana pe masă și mi-am luat rucsacul de pe umeri. Am scos aparatul de măsură și mi-am suflecat mânecile, în timp ce priveam amândoi siguranța cu diferențial care era căzută.

- Am încercat s-o ridic, dar nu stă... și s-a auzit un zgomot urât în ea, un sfârâit, apoi o pocnitură, zise Robert.

Sincer să fiu, m-am săturat de astfel de reparații electrice. Am văzut multe în Londra și mi-a ajuns. M-am cocoțat pe scări înalte, m-am pitit pe sub podele și prin cămări înguste sau pe sub scări. Am măsurat circuite, am făcut acte, am schimbat panouri, cabluri și siguranțe în sute de case, adică mi-am făcut datoria în lume, consider eu, din punct de vedere electric. Dar dacă tot venisem până aici, ce mai conta una în plus?

- Aveți vreo instalație unde poate ajunge apă? l-am întrebat.
- Nu știu. Mașina de spălat?
- Curge apă din ea?
- Nu! Și nu e legată la curent, îmi explică el.
- Atunci e altceva. Ar trebui scoase toate aparatele din priză prima dată.
- Avem o priză afară. Haide să vedem, dacă zici de apă și curent la un loc.

Am ajuns afară, unde am scos din priză cablul unei

instalații cu becuri de exterior agățate prin copaci. Apoi am intrat în șură și am ridicat siguranța. S-au aprins becurile din interior.

- Simplu! A intrat apă pe undeva în instalația cu becuri din copaci.
- Ah, zise Robert. Cum de n-am încercat?! Au mai fost probleme cu becurile, dar n-am făcut legătura, zise el, punându-și degetele la tâmplă.
- Pe viitor, dacă se întâmplă din nou, mai întâi scoate tot ce poți din prize, pe urmă ridică-le pe rând. Astfel poți găsi circuitul defect. Nu e o metodă profesională, ba din contră, dar e cea mai rapidă în astfel de condiții, i-am spus. Iar instalația de becuri o puteți arunca la gunoi. Dacă intră apă în ea, nu are rost să ne mai complicăm, am zis eu, nu ca să scap de vreo muncă, ci chiar spuneam adevărul.
- Ok! Mulțumesc, zise Robert.

A închis ușa dulapului și ne-am întors către foc și către ceilalți care stăteau în jurul lui.

- Salutare! Eu sunt Gabriel, zise, înainte să ne strângem mâinile, un bărbos cu ochii mari, sau poate doar măriți excesiv de lentilele ochelarilor pe care îi purta.

Părea a fi energic și sănătos, ca și atunci când l-am văzut urcând drumul cu Mama și cărând în spinare ditamai rucsacul. Arăta de vreo șaizeci de ani. Era îmbrăcat cu o cămașă groasă și colorată, în pantaloni largi și, pesemne, comozi. Avea părul mare, grizonat, care i se unea cu barba – se pare că Robert era singurul mascul bărbierit pe o rază de câțiva kilometri.

- Bună ziua, domnule. Eu sunt Marco!
- Mi-a spus Sebastian despre tine.

Dar când să mai spun ceva, interveni Robert bucuros.
- A rezolvat!
- Excelent! Ce-a fost? mă întrebă Gabriel.
- Nu mare lucru. E defectă instalația cu becuri din spatele șurii, probabil pe undeva intră apă.
- În rest, totul ok?
- Da, totul pare a fi în regulă. Dacă nu mai știți de alte defecte.
- Atunci ia loc, mă îndemnă el. Apreciem ajutorul tău!

Soarele lumina cerul albastru, iar frunzele copacilor dansau lin în vântul moale care mângâia pădurea întreagă.
- Pot să întreb despre ceva ce mă ține treaz uneori?
- Sigur, zise Gabriel.
- Am văzut într-o noapte o lumină pe drum, cred că a urcat unul dintre voi.
- Când? întrebă Daniel.
- În iarnă!
- Probabil Robert. El a venit de câteva ori noaptea din oraș.
- Cum treci, Robert, de câini fără teamă? Câinii mei nici nu s-au apropiat de tine.

A început să râdă.
- Am un aparat de buzunar cu ultrasunete. Țiuie pe frecvența lor și îi ține departe.
- Aha! mi-am spus cu voce tare. Credeam că e ceva drăcesc!

Se apucară cu toții să râdă. Nu știu cât de ciudați am fi putut părea altora, dar oamenii aceia erau tare frumoși și calzi, fiecare în felul lui.
- Aș putea să vin și eu într-o tabără? m-am trezit eu

întrebând, poate dus de valul emoției de moment.

Brusc s-a făcut liniște. Discuția devenise, pesemne, gravă. Cu toții îl priveam pe Gabriel și așteptam să răspundă. Era liderul - clar!

El tăcu.

- Chiar mi-aș dori! am insistat eu, ca un copil.

Gabriel se mai gândi o clipă, deschizându-și palmele și lipindu-și vârfurile degetelor între ele. Apoi vorbi.

- Poți veni dacă ești pregătit și dacă ai nevoie. Odată ce ai venit să ne ajuți, cum te-am putea refuza?!

- Mama spunea adineaori că vindecați oameni.

- Ne vindecăm pe noi prin ceea ce facem, dar, da, ajutăm oamenii să înțeleagă unele lucruri despre ei înșiși, spuse el. Ai nevoie? întrebă el.

Atunci le-am văzut pe rând fețele curioase, așteptând răbdătoare să răspund. Nu eram pregătit pentru o astfel de discuție cu public. Pădurea se înălța în jurul nostru, focul trosnea, iar ei sorbeau din cafele, privindu-mă. Aveam nevoie? Ce nevoie aveam?

- O lăsăm așa, zise Gabriel. Îți vom scrie un email la timpul potrivit. Lasă-ne adresa și ne vom revedea în curând.

După ce am terminat cafeaua, Gabriel mi-a mulțumit și m-a rugat să nu dau detalii în sat despre ei, adică să le păstrez imaginea de ciudați pentru a-și putea desfășura taberele în tihnă. Ne-am luat rămas bun după ce și-a notat adresa mea de email și apoi am plecat spre casă voios. Eram de-a dreptul încântat de oamenii pe care îi cunoscusem în pădure. Abia așteptam să-l întâlnesc pe vreunul dintre ei pe drum ca să-l invit la o cafea, și desigur, să mă întorc la ei într-o tabără adevărată. Mergeam la vale și îmi venea să cânt. Și, cântând, am ajuns acasă.

Lângă gardul casei mă așteptau doi voluntari din Germania, veniți de la o altă gazdă, unde stătuseră în ultimele zece zile. Ne-am pus să povestim vrute și nevrute.

Între timp, în fața magazinului lui Victor, oprise o mașină plină de noroi, din care au coborât în grabă doi bărbați dezorientați, rămași pe jumătate ascunși în spatele portierelor deschise. Unul dintre ei a măturat pentru câteva clipe terasa barului cu o privire suspicioasă. Doi săteni de la o masă de pe terasă își țineau picioarele întinse către marginea drumului și mâinile încrucișate, privind spectacolul ce avea să devină și mai interesant în câteva secunde.

Nici nu au apucat să spună ceva, pentru că alte două mașini s-au oprit în fața lor, lucru rar văzut pe aici, trăgând după ele un nor de praf pe care l-a împrăștiat imediat vântul.

Trei mașini străine satului, aflate pe un drum înfundat. Ușile celorlalte două mașini s-au deschis pe rând și alte câteva capete s-au ivit întrebătoare. Unul dintre ei, un bărbos-chelios, își dădu drumul la vorbă:

- Salut! E barul lui Victor? întrebă el, îndreptându-și un deget către clădire.

- Da, îi răspunse sec un om de la masă, punându-și un picior peste celălalt.

- Suntem bine! zise omul către cei din spate, coborând de la volanul primei mașini, în timp ce-și puse o șapcă cu cozoroc, aproape acoperindu-i ochii.

După mimică și numerele de înmatriculare ale mașinilor, părea că nu se cunoșteau între ei, deși veneau din aceeași direcție (nu ai cum să vii din altă direcție). Au mulțumit și s-au urcat înapoi în mașinile pe care le-au parcat cu atenție pe marginea drumului către munte. Apoi au coborât șase oameni, trei femei și trei bărbați, îmbrăcați în haine lejere. După ce au cumpărat câteva produse din magazin, și-au luat rucsacii mari (unii dintre ei aveau și bagaje de mână) și au pornit pe drumul ce urcă muntele. În scurt timp, s-au pierdut din vederea celor de la masă.

- Și ăștia se duc la dracu! zise celălat de la masa de pe terasă, bătând țigara aprinsă cu degetul și scrumând direct pe jos.

Paul era la masa din spate, ochi și urechi. Într-un sat în care nu se întâmplă adesea mare lucru, detaliile apariției unor străini devin semințele unei povești fantastice. Paul avea să-mi relateze totul mai târziu.

Voluntarii din Germania, Johanna și Chris, tocmai s-au spălat pe dinți după masă. I-am luat într-o plimbare prin jurul casei, ca să le arăt terenul, grădina, solarul și livada. Eram lângă casă când au început câinii să latre. M-am apropiat de gard și mi-am pus coatele pe el.

Cei șase oameni ajunseseră în fața casei mele și i-am salutat bucuros, știind încotro se îndreptau. Dar Mama spunea că *trebuie să vină șapte oameni...*

- Să aveți drum bun!

- Mulțumim, strigară și ei cu voci presate de oboseală, vreo trei dintre ei ridicând și mâinile în semn de salut.

Cel din față se holba în stânga și-n dreapta ca și cum s-ar fi pierdut, în timp ce ultimul, un tânăr grăsan, își târa cu greu picioarele și părea că nu mai avea mult până să se izbească de pământ. Poate că nici în cele mai negre vise ale lui n-a apărut vreo astfel de urcare, iar acum i se întâmpla în realitate. S-au așezat pe iarba de lângă drum, mai sus de casa mea, în ultima curbă înainte de pădurea deasă. Grăsanul se certa cu ei, dar nu înțelegeam ce spunea, decât atunci când a strigat *Nu mai pot! Du-te înainte!* Clar! Și pentru mine e o corvoadă să urc drumul de la magazin.

După câteva minute, au plecat din nou la drum și s-au pierdut în desișul pădurii. *Drăguț din partea lor că nu s-au despărțit*, mi-am spus.

Noi, acasă, ne-am reluat poveștile până când cei doi voluntari s-au dus să-și aranjeze lucrurile, urmând să facem planuri împreună pentru zilele viitoare.

După câteva treburi prin jurul casei, m-am așezat în pat să citesc, dar gândul îmi stătea la tabăra din pădure. Trecuseră deja vreo două ore de când am salutat trecătorii de pe drum, așa că, în mod normal, trebuia ca grupul să fi ajuns la destinație. *Și ce mai destinație!* – eram gelos. Mă întrebam cum o fi rezistat grăsanul.

Încetul cu încetul m-a luat somnul citind o carte, sau mai degrabă încercând să citesc printre gânduri, dar m-a trezit un bipăit al telefonului de pe birou, semn că primisem un email. M-am ridicat și l-am deschis. Dintr-o dată, am simțit un val de emoție și bucurie care m-a umplut din cap până în vârful picioarelor.

Chemarea venise mai repede decât m-aș fi așteptat:

Dacă vrei, vino astăzi pentru șapte zile.
Dacă nu poți, o lăsăm pe data viitoare.
Dă un semn - ca să știm.
Gabriel

PS. Citește fișierul atașat, dacă vii!

Apăsând tasta Enter, am trezit laptopul și îndată am deschis pe monitor fișierul din email:

Pentru a ușura munca în pregătirea bagajului pentru tabără, iată câteva recomandări:

Nu încărcați bagajul cu lucruri nepotrivite sezonului sau obiecte inutile pentru o tabără la munte.
Vă rugăm să vă înștiințați familiile și prietenii despre faptul că în tabără nu veți folosi echipamentele de comunicare decât pentru urgențe.
În continuare aveți lista cu lucrurile care nu ar trebui să vă lipsească în tabără:
-rucsac
-cort
-sac de dormit
-lanternă frontală
-bocanci/ghete de munte (se recomandă o a doua pereche de încălțăminte)
-sandale
-pantaloni lungi
-pantaloni scurți
-tricouri
-hanorac
-șosete
-lenjerie intimă
-săpun ecologic
-pelerină de ploaie sau haină impermeabilă cu glugă

-trusă de toaletă
-caiet/agendă și creion/pix

Ce să nu aduceți:
-mâncare/ceaiuri/sucuri/dulciuri
-tacâmuri/căni/farfurii
-saltele pentru cort
-bijuterii și parfumuri
-alcool/tutun/droguri

Vom lua doar două mese pe zi, pentru că avem nevoie de mai multă hrană, și de mai puțină mâncare, dar vor exista mereu biscuiți și ceai la liber.

Vă asumați riscul de a intra în contact cu diverse animale sălbatice, dar din experiența noastră, nu e nimic îngrijorător. Am văzut căprioare, vulpi și o singură dată un porc mistreț.

Lăsați mașinile la drumul principal, lângă magazin și urcați pe jos.
Trimiteți un email când porniți din fața magazinului, astfel, la intrarea în pădure vă va aștepta cineva. Când ajungeți unde se termină asfaltul, fluierați de trei ori lung, apoi lung, scurt și iar lung (--- -.- vedeți alfabetul Morse).
Nu vorbiți în sat despre ceea ce facem în tabără. Sunteți turiști care fac o drumeție - atât.

Costul taberei: Veți primi un cont în care fiecare e liber să doneze, dacă dorește, o sumă după plecarea din tabără. Poate fi o sumă oricât de mică sau oricât de mare considerați că merităm.

Vă rugăm să ne înștiințați în prealabil dacă suferiți de vreo boală care necesită atenție medicală sau prezintă riscuri pentru starea de sănătate a dvs. sau a celor din jur.
Vă așteptăm!

Din pădure,
Prietenii voștri!

PS. Așteptăm confirmarea prin email cum că ați citit toate cele de mai sus și sunteți de acord.

Nu mi-a luat mult să mă gândesc. Am răspuns pe loc:
Voi fi acolo în câteva ore! Mulțumesc mult!

Treaba cu voluntarii stă așa: teoretic, ei vin să ajute la muncă, în schimbul cazării și hranei, dar în fapt - adevăratul schimb - ei vin să socializeze, să viziteze, să cunoască locuri și oameni. Iar eu trebuia să lămuresc situația cât mai repede, ca să-mi adun liniștit lucrurile și să plec în tabăra din pădure.

Am bătut la ușa camerei. Johanna și Chris dormeau. I-am trezit și au venit buimăciți pe terasă.

- Trebuie să plec pentru șapte zile!
- Serios? a întrebat Johanna.
- Da. Nu știam - a căzut din cer. Dar voi nu veți mai avea multe de făcut și puteți să vă relaxați. Udați doar grădina la două zile, țineți ordine, hrăniți câinii și pisicile. Mâncare aveți destulă în frigider și în lada

frigorifică din beci. Paul o să treacă des pe la voi, iar în sat, la niște prieteni, vor veni voluntari din Londra mâine sau poimâine. Cu siguranță că vă vor vizita. Sau mergeți voi să-i căutați, să aveți cu cine sta de povești. Îmi pare rău că s-a întâmplat așa. Peste vreo săptămână vor mai veni doi voluntari din Franța, dar mai e până atunci. Ne auzim oricum la telefon.

- Nu-ți fă griji, ne vom descurca! mi-a spus Chris, după ce le-am explicat pe scurt unde urma să plec.

A venit și Paul, care ne-a povestit ce văzuse la bar. L-am lămurit despre oamenii din pădure, ca să fie și el liniștit în privința lor și în privința a ceea ce văzuse în noaptea cu lună plină. *Sunt de treabă*, i-am spus.

Am adunat lucrurile în rucsac. Cortul de două persoane cumpărat în Londra și restul de lucruri au încăput numai bine în bagaj. După ce am mâncat pe săturate, am pornit la drum.

Să urci un munte cu un rucsac plin în spinare e treabă serioasă, dar am ajuns cu bine la destinație.

Câțiva oameni povesteau așezați pe bănci și pe butuci în jurul focului. Corturile le erau montate pe ici-colo, doar grăsanul, ajutat de un altul, făceau ceva reglaje la unul dintre ele. Mama venea dinspre șură și m-a văzut, după ce Radar m-a lătrat de două ori, venind amenințător spre mine. I-am vorbit și m-am aplecat să-l mângâi, iar el a început să dea din coadă.

- Bună seara! am spus, apropiindu-mă de grupul din jurul focului.

M-au salutat și ei, iar Mama s-a ridicat să mă îmbrățișeze.

- Știam eu că o să vii, zise ea. Haide, pune-ți cortul și povestim după aceea.

Robert a ieșit dintr-o rulotă și a venit să-mi strângă mâna.

- Unde e Gabriel? l-am întrebat.

- Caută-l în șură sau bate-i la ușă, îmi spuse, indicând rulota cea mai mică și mai colorată, care mă ducea cu gândul la pescuit și plajă.

M-am dus către rulotă și mă pregăteam să bat la ușă, când bărbosul mă bătu pe umăr.

- Ai venit, deci! exclamă el.

- Am venit! Te căutam să-ți mulțumesc!

Gabriel mi-a zâmbit părintește, apoi m-a îndrumat către un loc pentru cort, în spatele unui copac mare, la vreo 20 de pași de locul de foc. Rulotele se aflau oarecum în cerc, în jurul focului, fiecare la vreo 10 pași distanță de el.

Mi-am instalat repede cortul și mi-am pus lucrurile în el. Am scos telefonul și i-am trimis un mesaj lui Sebastian. *Sunt la FAGUL CEL MARE, mulțumesc prietene!* Apoi am vrut să ies din cort, dar chiar atunci am auzit acel bip pe care îl face telefonul când vine un mesaj. Primisem un emoticon zâmbăreț. Apoi încă un mesaj: *Să-ți fie de folos! Aștept vești.* Am pus telefonul pe silențios și, după ce l-am mutat dintr-o mână în alta, gândindu-mă ce să fac cu el, l-am ascuns sub haine și am ieșit, trăgând fermoarul cortului după mine.

Ceilalți povesteau în jurul focului când m-am întors îmbrăcat pentru seara de munte, cu un carnețel în mână. Lumina se aduna undeva departe de noi și de pădure, pentru că soarele aluneca încet în spatele lumii.

M-am așezat lângă foc și priveam rulotele, iar în jurul meu ceilalți vorbeau de-ale lor. O rulotă, mai drăguță decât toate celelalte, era vopsită în culorile curcubeului. Puteau să fi scris pe ea *Hippioți plecați în lume*. S-ar fi potrivit. Așa și era.

Mă aflam într-un loc de unde n-aș fi vrut să mai plec. Cercul, vatra focului și ei, oamenii, mă făceau să mă simt mai bine ca la mine acasă.

La cină am primit orez cu legume și castraveți murați. Mâncând, s-a făcut noapte, și doar lumina focului ne mai lumina fețele. După ce ne-am spălat fiecare bolurile din care mâncasem, fetele ne-au dat câte o cană cu ceai. Corturile erau instalate și nimic altceva nu ne-a rămas de făcut decât să vorbim despre noi.

ANDY HERTZ

ÎN JURUL FOCULUI

DEPARTE DE LUMEA OBIȘNUITĂ, Gabriel vorbea stând în picioare și ținând în mână, și el, o cană metalică. Din cană ieșeau aburi. Cred că, înainte să mă așez, cineva din grup îl întrebase despre alegerea locului și traiul lor atipic, pentru că el explica deja:

- Ne-am pus de comun acord să ne mutăm în munți, să ne vindecăm singuri de depresie sau alte afecțiuni relativ ușoare. Am fost mai mulți în grupul de acolo, dar ceilalți nu au avut curajul de a face acest pas, de a veni sau, pur și simplu, nu li se potrivea acest stil de viață. Dar noi ne-am pus pe drum să căutăm terenul și așa a început totul. De când și-au dat seama ai noștri că aici se petrec lucruri interesante și sănătoase, ne trimit adesea cunoscuți și prieteni de-ai lor. Așa s-a dus vorba, dar noi vrem să rămânem cât mai neștiuți. Ăștia suntem, explică Gabriel rar, blând și răbdător, ca un bunic care spune povești copilașilor adunați în jurul lui cu gurile căscate.

S-a oprit, dar noi rămăsesem nemișcați, așteptând desigur continuarea, care nu a întârziat să vină.

- Ne-a ajutat pădurarul, care știe despre noi, zise el.

Ne-a înțeles. Vine și el uneori. Oricum, am ales să ne mutăm aici împreună, să vedem dacă e adevărat, dacă putem trăi astfel, iar oamenii au venit după noi, din vorbă în vorbă. Pădurea e a noastră. Am cumpărat ceea ce vedeți și mai mult decât atât. Sunt câteva hectare, destule pentru a nu fi deranjați. Trebuie să ne mișcăm și să consumăm energie, pentru că la oraș a devenit prea comod să trăim, iar comoditatea ne-a adus multe afecțiuni fizice și psihice.

- Și cum ați reușit să vă obișnuiți? întrebă tipul chelios și cu barbă - unul dintre cei veniți în tabără.

- Pur și simplu, viața tihnită ne-a scos supărările din mințile obosite și încețoșate, datorită anilor trăiți în grabă și gălăgie. Vorbesc despre corp, minte, spirit și conectare, veți vedea..., spuse Gabriel, dar nu a apucat să termine pentru că a fost întrerupt de chelios:

- Iar sătenii, ei ce spun?

- E simplu, ne consideră ciudați pentru că nu ne cunosc. Am evitat contactul cu ei, ca să ne putem desfășura taberele în voie. Am avut parte de mici incidente legate de vânătoare sau tăiatul lemnelor, dar am trecut peste ele. Imaginea de ciudați ne-a venit ca o mănușă, o soluție perfectă pentru a ne păstra intimitatea. E greu să explicăm tuturor și să fim înțeleși, dar mai ales, lăsați în pace, pentru că ar fi mulți curioși și nu vrem să ajungem ca peștii din acvariu, supuși miilor de blițuri pe zi, zise el și râse. Ca să evităm contactul, urcăm și coborâm prin mai multe locuri, prin cătune și sate, dar nu mereu pe același drum. Unii dintre prietenii noștri vin și stau mai multe zile sau săptămâni, mai ales în tabere...

Și cam așa decurgea introducerea lui Gabriel, iar eu

cred că plecasem cu gândul în altă parte, pentru că am tresărit auzindu-mi numele.

-...Marco, mutat recent în sat, a venit cu noi în tabără, spuse Gabriel arătând cu degetul către mine.

Am ridicat mâna, întorcându-mi capul să-i văd pe cei din jur.

Cel gras era trist. Privea în pământ și nu părea să aibă chef să facă altceva.

- Bine, spuse Gabriel, singurul rămas în picioare. Aș vrea să vă rog, înainte să trecem mai departe, să vă alegeți fiecare câte un nou nume pentru zilele în care veți sta aici și să îl spuneți când vă prezentați. Vă puteți gândi chiar acum, iar eu vă dau ca exemplu - Stea sau Stejar. Poate fi ales din natură, din starea voastră de spirit sau ce vă vine pe moment. Acest joc vă va ajuta să vă desprindeți de viețile pe care le-ați lăsat acasă, intrând în alte roluri, pe o altă scenă și va fi mai ușor să descoperim ce se ascunde în spatele unor măști pe care le-ați construit de-a lungul timpului.

În timp ce discuția noastră continua, focul prindea putere, luminându-ne tot mai tare fețele. Pe rulote și prin copaci s-au aprins becuri solare, iar stelele și luna abia se strecurau ici-colo printre frunzele copacilor și prin deschiderile dintre ei.

Stăteam așezat între Robert și Daniel. Gabriel continuă, ridicând un sceptru din lemn în lumina focului:

- În prima discuție vom folosi acest obiect, iar el va indica cine are cuvântul. Aș vrea să vă spun programul și să repet ceea ce scrie în emailul pe care l-ați primit cu toții, și anume că în acest loc nu sunt acceptate țigările, alcoolul, dulciurile, iar telefoanele le puteți folosi doar dimineața, doar pentru apeluri necesare și scurte. Important de știut - vom dedica o zi fiecăruia dintre voi. Ne vom concentra pe povestea unui om pe zi; astfel, vor fi șapte zile de tabără.

Fumasem ultima țigară înainte de a pleca de acasă, iar pachetul rămăsese pe pervazul de la geam. Acum, sincer să zic, tare mi-ar fi trebuit una.

Gabriel continuă să ne dea detalii:

- Tabăra nu vine cu o garanție de ordin medical, dar vă va ajuta să vă reconectați cu natura, să descoperiți noi căi de a ajunge la voi înșivă, să vă relaxați. Veți săpa după diamante în interior, nu în afara voastră. Tot ce facem e despre noi înșine. Aici puteți găsi calm, pace, natură, echilibru, armonie și drumul către vindecarea sufletului și a minții. Sper să fiți deschiși, pentru că e despre voi și pentru voi!

După ce a înghițit o gură de aer, a anunțat regulile:

- Nu ne vom întrerupe, vom asculta, vom accepta diferențele dintre noi, vom încerca să înțelegem nevoile fiecăruia și vom oferi feedback constructiv. Așadar, nu telefon, nu internet. Gândiți-vă că ați trăit și fără, mai demult. Nu aveți nevoie. Dimineața, dacă este cazul și nu se poate fără, vă puteți verifica emailurile și mesajele, dar pentru cel mult 15 minute.

Mă gândeam că în 15 minute pot răspunde la câteva emailuri. În câteva minute pot rezolva, scrie, gândi ceea ce este esențial. Gabriel vorbea în continuare:

- Dialogul nu trebuie să părăsească cadrul liniștii! Nu vorbim unul peste altul, adică lăsăm spațiu între cuvinte, în dialog. Nu evadați, ci stați în inimă. Atenția se va pune pe corp și pe senzațiile din el. Nu vă fie teamă. Nimic rău nu se va întâmpla din afară, pentru că dacă e să aveți un inamic, el nu e în afara voastră!

Gabriel făcuse o pauză, iar focul parcă cerea să vorbească pentru noi.

- Puteți dormi și în podul șurii. Puteți sta în podul șurii, mai ales dacă o să plouă. Avem doar toaletă ecologică și ne străduim să adunăm cât mai puțin gunoi. Cei care vin aduc cât mai puțin plastic, iar la coborâre, noi și cei care vin, ducem fiecare câte ceva în rucsac. Împachetăm gunoiul, astfel încât să nu ocupe mult loc. Folosim pungi de hârtie. Nu se bea alcool, iar apă avem de la izvor. Vă puteți spăla la pârâu oricând doriți, dar avem și dușuri în spatele șurii, cu săpun ecologic. În mare, cam asta vă putem noi oferi, continuă el.

Grăsanul privea în pământ și îmi era teamă că murise. Nu se mișca deloc. Mi-am amintit de un alt grăsan, portar de cămin studențesc, pe care îl vedeam adesea dormind pe scaun, doar că sforăia și-l puteai auzi de la mare distanță, numai că grăsanul nostru înțepenit era tăcut.

Gabriel vorbea despre program.

- Vă spun ore, ca să aveți idee, dar nu ne vom uita la ceas. Unul dintre noi va bate clopotul și atunci vom ști că a venit momentul pentru următoarea activitate. În fiecare zi, unul dintre noi va avea grijă de program, de masă, de tot ce se întâmplă aici. Toate activitățile vor fi notate pe tabla de pe peretele șurii. La ora 07:00, bate clopotul pentru trezire. Ne spălăm, medităm și ne rugăm pentru o jumătate de oră, până când clopotul bate pentru a doua oară. Pe la ora 8:00, cel căruia îi va fi dedicată ziua, ne va spune povestea lui, nevoile sau motivul pentru care a venit, și îi vom pune întrebări. La ora 9:00 vom lua micul dejun, apoi vom medita asupra celor expuse. Pe urmă, în lipsa persoanei căreia îi vom dedica ziua, vom căuta soluții. În final, vom avea o discuție de grup cu cel sau cea în cauză. Desigur, dacă vă vor veni idei sau întrebări pentru oricare zi, le puteți nota și discuta în ultima zi, înainte de plecare. Până atunci, încercați să nu vorbiți despre durerile personale între voi în afara orelor dedicate acestor discuții pentru fiecare în parte. Vampiri energetici pot fi oricare dintre noi. Oricum, veți face cum vreți și cum puteți, nu vă putem obliga să respectați aceste „reguli". În rest, vom avea diverse activități recreative, plimbări, dar vom pregăti masa de seară împreună și vom spăla vasele după fiecare masă. Stingerea e la ora 22:00. Vom consuma hrană sănătoasă și suficientă, două mese pe zi. Vă dau un exemplu și mai „rău", zise râzând Gabriel. Eu mănânc doar o dată pe zi!

Eu am uitat, pur și simplu, să notez orele și programul, dar aveam să îl găsesc afișat pe tabla de pe peretele șurii a doua zi.

Mama a atins mâna lui Gabriel și a adăugat:
- Vom avea miere, dulceață, migdale, musli, cereale, compot și biscuiți veșnic pe masă, dar și ouă, brânză, cașcaval, măsline. Vom găti împreună supe de legume, orez cu pesto și maioneză, mălai cu brânză, mălai cu tocană de ciuperci, cartofi cu ceapă și măsline, orez dulce cu fructe uscate și miere, cartofi copți cu ulei de măsline și murături, și mai vedem noi ce. Ne place foarte mult cafeaua, dar renunțăm la ea în perioada taberelor - ca să știți că și noi renunțăm la ceva ce ne place, odată cu voi.

Mama ne-a zâmbit, punându-și palmele una peste alta în dreptul inimii, iar Alex a ridicat mâna, vorbind deja de când a început să o ridice:

- Deși ați venit într-un loc necunoscut vouă, veți fi acasă mai mult decât credeți. Aici, în natură, deja v-au scăzut tensiunea, nivelul stresului și ritmul cardiac. Cel puțin, așa ar fi trebuit!

După o scurtă tăcere, rosti și Aura câteva cuvinte:

- Nu doar că avem respect pentru natură și gânduri bune, dar avem respect pentru tot ceea ce facem, pentru viață în general. Contează ce bem și ce mâncăm. Nu toți sunt pregătiți pentru o tabără intensă de șapte zile. Unii au anunțat că vin și nu au mai venit. Alții au plecat mai devreme decât ar fi trebuit, pentru că nu au rezistat. Unii nu vor să mai plece, și trebuie sa le spunem că nu toți pot trăi aici.

Apoi Gabriel a ridicat sceptrul de lemn.

- Ar fi timpul să ne spuneți cum vă veți numi în tabără și de ce ați venit. Cine vrea să se prezinte primul? întrebă el.

Una dintre femeile nou venite (la cum arăta mă așteptam să-și fi ales numele *Fațăpalidă*), ridică mâna și spuse cu hotărâre:

- Eu!

- Spune-ne pe scurt despre tine și numele pe care ți l-ai ales, îi spuse el. Restul vom discuta la momentul potrivit, începând de mâine dimineață.

Gabriel îi înmână sceptrul și se așeză pe un scaun verde din pânză. Ea îl prinse cu ambele mâini, împletindu-și degetele în jurul lui. Chipul, părul lung și blond, degetele și sceptrul îi erau luminate de foc, iar ea închise ochii.

- Mi-am ales numele *Soare* pentru că iubesc lumina și căldura, spuse ea cu glas suav. Am patruzeci și cinci de ani și sunt avocat.

După o scurtă așteptare în care părea că ascultă focul, continuă:

- Am o fetiță în vârstă de 12 ani de care m-am despărțit cu greu ca să vin în tabără. A rămas cu tatăl ei și îmi e tare dor de ea, spuse Soare, apoi își sprijini fruntea pe sceptru pentru o clipă, dar se îndreptă imediat și deschise ochii.

- Relația mea cu tatăl ei, adică dragostea noastră nu mai există de ani buni, deși locuim împreună, șopti ea cu glas tremurat. Ne-am înțeles să rămânem împreună pentru cea mică, dar anii mei trec și sunt atât de nefericită, încheie Soare și se opri, plecându-și capul, și ridică sceptrul.

Mi-am concentrat atenția ca să scriu *Soare - blondă avocat relație falsă* în caietul meu, apoi am întors pagina ca să nu vadă nimeni ce am scris. Privirea mi s-a blocat către foc gândindu-mă la Soare, încât îmi era imposibil să clipesc. Atunci am auzit un bărbat care, după ce și-a dres vocea, a vorbit puțin răgușit și cu glasul tremurat. Era grăsanul. Știam că era el pentru că respira greu. Mi-am revenit în fire și am clipit, aruncându-mi privirea către el. Trăgea de eșarfa colorată, pe care și-o legase în jurul gâtului - probabil a strâns-o prea tare. Burta lui arăta ca o bilă pentru demolări și ținea sceptrul în dreptul gurii, ca și cum ar fi vorbit la microfon.

- Mi-am ales numele *Frunză*, deși nu cred că mi se potrivește. Am treizeci și șapte de ani. Am terminat inginerie, dar îmi ajut tatăl la magazinul de piese auto, de mulți ani. El e mecanic, repară mașini în atelierul de lângă, iar eu vând piese. Stilul meu de viață nesănătos nu știu dacă mă va lăsa să rezist șapte zile aici. Ar trebui să slăbesc destul de mult. Mereu mănânc și nu știu cum să revin la o viață normală. Sora mea m-a convins să vin în tabără. E prietenă cu Aura, a încheiat grăsanul, închizându-și buzele cărnoase înconjurate de puf, iar eu mi-l imaginam mușcând din ceva mare și unsuros.

Cheliosul cu barbă, aflat lângă Frunză, care îi punea întrebări mai devreme lui Gabriel, a luat sceptrul și a dus mai departe prezentarea, salvându-l parcă pe grăsanul care zâmbea fericit că a scăpat. Cheliosul avea cearcăne și arăta ca și cum n-ar fi dormit zile în șir.

- Mă numesc *Ocean* și am treizeci și opt de ani. Sunt divorțat, fără loc de muncă și locuiesc singur. Am lucrat ca jurnalist pentru un ziar local, dar acum mai fac doar traduceri de acasă. Ce să vă spun... sunt pierdut. Beau peste măsură, iar unii zic că am devenit alcoolic, ceea ce am început să cred și eu. Am început încet și mi se părea super relaxant. Mă ajuta la socializare. Beam în oraș. Oricum, nu știu dacă voi rezista prea multe zile aici. Vă rog să mă susțineți și să mă ajutați. Poate că numele Ocean vi se pare amuzant - am simțit nevoia de apă, de apa care curăță, apa care aș vrea să spele mizeria din mine.

Avea o voce de radio, plăcută, impunătoare și clară. Părea foarte sigur pe el, pe ceea ce spunea.

Radar a venit și s-a întins lângă picioarele mele, dându-mi curaj. L-am bătut pe umăr pe Robert și i-am făcut semn să-mi dea sceptrul, pentru că nimeni nu mai voia să-l ia din mâna lui Ocean.

- Eu sunt *Timp*, am spus, privind către foc. Am treizeci și trei de ani și m-am mutat în sat după șase ani petrecuți la Londra. Am ajuns aici, întâmplător sau neîntâmplător, pentru prima oară și mă bucur să fac parte din acest grup de tabără. Scriu cărți, deși ceea ce am făcut până nu demult a ținut de electrică. Vreau să scriu pentru că mă trage ața la scris. Problema mea... sau problemele mele...

M-am oprit - mi s-a blocat glasul. Toate fețele din jurul meu, luminate de foc, erau ațintite către mine. L-am atins pe Radar cu piciorul, iar el a ridicat capul și a început să dea din coadă. Am strâns sceptrul și am continuat:

- Nu îmi ajunge timpul și fumez prea mult! Vreau să fac atât de multe... să construiesc, să grădinăresc, să fiu în contact cu oameni; vreau să scriu, să citesc, să gătesc, dar să trăiesc fără ceas. Timpul mi se pare atât de scurt în fiecare zi, parcă mi-l fură cineva. Aș vrea să nu existe noapte, ca să nu mă opresc din treabă. Apoi, de fumat am încercat să mă las și nu am reușit. Parcă din țigări îmi iau energia, ceea ce pare o prostie, dar asta simt. Și mai simt că nu voi mai fi eu fără ele. Dacă există o legătură între cele două probleme ale mele, aș vrea să aflăm și să găsim soluții împreună. Am încercat să mă las de fumat de mai multe ori, dar mereu am revenit. Acum, sunt sigur că dacă o voi mai face o dată, nu voi reuși... În rest, sunt un om hotărât și știu ce vreau.

M-am oprit, pentru că simțeam un oarecare val de emoție în jur, dar și în mine. Eram împărțit între curiozitatea de a afla despre ei și teama de a spune prea multe despre mine.

- Sper să mă învățați voi, am spus în încheiere, ridicând sceptrul și privind focul. După câteva secunde, mi-l luă din mână Mama, iar eu, eliberat, l-am mângâiat pe Radar.

Mama spuse cu voce blândă și înceată:

- Privindu-vă, mă revăd pe mine în prima seară aici. Eu sunt Mama, iar sufletul îmi spune că sunteți copiii mei. Să aveți încredere în focul din mijlocul nostru, în energia adunată în acest loc și în voi înșivă. Nici nu știți câtă energie ascundeți în inimile voastre și cât de puternici sunteți. Primul pas, și cel mai greu, a fost făcut: ați venit!

Mama vorbise zâmbind, dar zâmbetul i s-a șters brusc din privire.

- Fiica mea a murit la treizeci de ani. E imposibil să înțelegi că singurul tău copil nu mai e, iar dacă există vreun iad - acela e iadul! Și credeam că nu voi putea depăși vreodată o asemenea durere, și iată-mă trăind, zâmbind și iubind. Așa e viața, cu bune și cu rele. Nu știu dacă vom înțelege vreodată de ce trebuie să trecem prin momente dificile, dar ne putem lăsa în seama vieții și putem trăi pentru frumosul care se găsește mereu atât în noi, cât și în tot ce atingem, în tot ce putem vedea. Aveți încredere!

Apoi s-a ridicat, focul luminându-i culorile de pe haine, colierul de pietricele ce-i atârna la gât și privirea blândă. O femeie ce părea adolescentă, cu părul mare și negru, se ridică și întinse mâna către Mama, preluând sceptrul.

- Mulțumesc, Mama! spuse femeia cu zâmbetul întipărit pe buze, aplecându-se puțin înainte, ca și cum s-ar fi închinat. Eu sunt *Onix* și am treizeci și opt de ani!

Se pare că ea și Mama aveau o conexiune, pentru că zâmbetul trecuse într-o clipă de la una la cealaltă, molipsindu-ne și pe noi ceilalți.

- Sunt emoționată și mi-a trebuit mult curaj să mă

ridic ca să iau sceptrul, dar cred că am făcut-o ca să scap mai repede, chicoti ea.

Pe bluza ei scria PACE, iar peste bluză avea o geacă largă de blugi acoperită pe jumătate de părul negru, care-i curgea de sub căciula groasă, la fel de neagră și ea. Corpul ei arăta de parcă ar fi spus *sunt făcută să trăiesc cu o mână de cereale și un smoc de iarbă de zi*.

- Lucrez la o bancă și în rest nu fac prea multe. Am venit, continuă ea, în primul rând pentru că muncesc zi de zi într-un birou fără geamuri. Am nevoie de natură și abia așteptam să stau cu voi în mijlocul pădurii. Adesea..., am..., am... atacuri de panică. Doctorii nu știu ce să-mi facă, iar eu par sănătoasă, dar nu mă simt așa. Nu sunt ok. Mă simt degradată, deși nu se vede. Simt adesea că sunt bolnavă și îmi e frică de doctori. După ce merg să îmi fac analize, mă simt iar bine o vreme, pentru că ies mereu bune. În sinea mea, știu că sunt sănătoasă, dar trăiesc cu teama de boală. Vă mulțumesc pentru primire! spuse ea, întinzând nesigură sceptrul către bărbatul de lângă ea, care parcă nu se aștepta să-i fi venit rândul.

După ce a luat sceptrul și și-a lăsat suficient spațiu de gândire, omul a început să vorbească, în timp ce Onix își așezase coatele pe genunchi și fața în palme, lăsând să i se mai vadă doar ochii închiși.

- Mi-am ales numele *Tigru*. Am patruzeci de ani, sunt programator, dar nu sunt mulțumit de viața mea. Sunt mereu stresat, zise el, un tip care, deși n-am mai gândit asta despre vreun bărbat, arăta extrem de bine.

- Ce ai vrea să înveți aici? îl întrebă Mama.

- Vreau să învăț să trăiesc frumos, să accept viața mea și să îmi fac, poate, noi prieteni. Petrec mult timp făcând sport şi asta mă ajută, spuse el şi întinse repede sceptrul ca şi cum ar fi vrut să scape.

Cea care s-a trezit cu el în mână, după o pauză lungă, zise:

- Eu sunt *Licurici*, am treizeci şi patru de ani, şi am un băiat. Are opt ani, spuse tânăra înaltă şi drăgălaşă. L-am lăsat la părinţii mei. Sunt medic stomatolog. Înainte îmi plăcea să merg pe munte şi să călătoresc, dar am renunţat.... Am venit pentru că...

Licurici se opri, de parcă cineva i-ar fi furat cuvintele şi zâmbetul. Se vedea că suferă, dar imediat începu din nou să vorbească, cu mari emoţii.

- Soţul meu a murit cu doi în urmă şi de atunci doar muncesc. Povestea mea e scurtă şi tristă. Sper că mă veţi ajuta să plec lămurită şi împăcată. Mi-am ales numele *Licurici* pentru că licuricii mă fascinau în copilărie, zise ea, apoi se uită în jur, îşi puse sceptrul pe genunchi şi privi către foc, aşa cum făceau şi mulţi dintre ceilalţi.

Gabriel îi ceru sceptrul şi zise:

- Va trebui să decidem cine va fi primul şi zilele, rândul fiecăruia. Vrea careva să fie primul? Ne-am dat seama că e mai benefic să dedicăm o zi fiecăruia dintre voi. Sperăm să ajute mai mult. Cei care doresc să-şi aleagă zilele, să le aleagă, iar dacă vor apărea doi pentru o zi vom trage la sorţi, aşa cum vom face cu restul care nu vor să aleagă.

Eu am spus că vreau să fiu primul, ca să scap mai repede, pentru că nu mi-a trecut prin minte că un grup de oameni mi-ar putea dedica o zi din vieţile lor. Era un lucru greu de acceptat. Soare a ridicat mâna imediat după mine, iar Mama ne nota în agenda ei mică şi albastră. Ultimii trei au tras la sorți cu ajutorul unei pietricele ascunse. După aceea, Gabriel ne-a spus că vom face exact invers de cum am ales, ca să nu fie cum ne așteptam. Apoi ne-a explicat ceva din numerologie, despre numerele în oglindă, dar n-am înțeles mare lucru. Și dacă n-am înțeles atunci, acum mi-ar fi și mai greu să vă explic.

- Vom începe cu Frunză, iar ultimul va fi Timp! ne-a anunțat el. Viața nu e mereu cum vrem noi, uneori le dă pe toate peste cap! a adăugat, parcă scuzându-se de întorsătura lucrurilor.

N-am înțeles de ce s-au rotit zilele cu susul în jos. Poate că știau ei, și în final, chiar dacă nu aveam să scap repede, măcar aveam timp să mă pregătesc. Gabriel continuă:

- Frunză, mâine va fi ziua ta, așa că, dimineața, noi vom medita și ne vom ruga, iar tu îți vei nota motivele pentru care ai venit și pe care vrei să le discutăm. La ora 08:00 vom fi aici, pentru tine. Și sper să fie clar - noi nu înlocuim un consult sau un tratament medical! Doar încercăm împreună să înțelegem viețile și experiențele pe care le trăim și să ne ajutăm reciproc să depășim obstacolele. Căutăm sensul acestor experiențe, sensul vieților noastre. Eu cam atât am avut de spus și dacă nu sunt întrebări urgente, probabil că ar fi timpul să ne odihnim, a încheiat el, apoi a pus sceptrul pe bancă și, după un moment de liniște, ne-a urat noapte bună.

Câțiva se ridicară să plece spre corturi, în timp ce își urau noapte bună unii celorlalți. Eu l-am întrebat pe Robert:

- Cum ați adus rulotele? l-am întrebat de dragul

conversației, dar știam deja răspunsul de la Sebastian.

- Cu tractorul pădurarului! E prietenul nostru. Ne-am înțeles din start, pentru că i-am explicat cine suntem și ce vrem. La început am venit cu corturi, am stat și în șură, iar mai târziu am adus rulotele. Pe unele le-am primit ca donație.

- Pădurarul m-a adus și pe mine în sat! i-am destăinuit eu, bucuros că aveam pe cineva în comun. L-am întâlnit la magazin și mi-a arătat casa pe care am cumpărat-o. E un om fain! Și nu aveți parte de neînțelegeri între voi? Totuși, sunteți oameni diferiți.

- Noi nu suntem comunitatea ideală. Ea nici măcar nu cred că există, spuse Robert. Pur și simplu, trăim împreună, cu bune și cu rele, iar traiul în comun ne ajută mai mult decât dacă am fi stat fiecare de capul lui, în munți sau în orașe. O să vezi, ne înțelegem minunat. Am devenit o familie. Ca să nu uit, ți-ai luat saltea? mă întrebă Robert.

- În email scria să nu aduc.

- Întrebam dacă ți-ai luat din șură. Așteaptă aici!

A plecat și a revenit îndată cu o saltea pe care mi-a pus-o în brațe.

- Noapte bună, Timp!

- Mulțumesc! Noapte bună și ție!

Trecuse repede prima seară de tabără. În drum spre cort, mi-a fugit gândul acasă, neștiind ce-or face voluntarii și mi-am imaginat că povesteau pe terasă, cu câte un pahar de vin pe masă și cu lumina stinsă. Poate chiar asta făceau. Între mine și ei, pe o distanță de câțiva kilometri de drum, nu mișcau decât frunzele copacilor și câteva animale sălbatice. Becurile de la ferestrele caselor din sat probabil că au început să se stingă, ca și focul în jurul căruia ne-am împărtășit primele gânduri.

Am plecat să mă spăl pe dinți la chiuveta de lângă șură. Gabriel și Daniel vorbeau lângă rulote, dar s-au întrerupt brusc când am trecut pe lângă ei și i-am salutat din priviri. M-am oprit și, înainte ca ei să revină la discuția lor, l-am privit pe Gabriel și am rupt tăcerea.

- Mulțumesc, i-am spus! și l-am întrebat cum de m-a chemat așa de repede în tabără - abia ce ne-am cunoscut de dimineață.

- Ai echilibrat tabăra, mi-a răspuns el.

Eram curios în locul cui am fost invitat, pe cine am înlocuit.

- Cum alegeți oamenii? l-am întrebat.
- Îi chestionăm înainte să vină.

Nu țin minte să fi fost chestionat în emailul primit.

- Eu nu am primit chestionarul!
- N-a mai fost nevoie, te-am cunoscut și știm cine e ok și cine nu!

Sebastian, mi-am spus în gând.

- Ce bine! În cazul ăsta... noapte bună! le-am spus, și mi-am văzut de drum.

Noapte bună, mi-au urat și ei, continuându-și apoi discuția.

Se făcuse rece afară, dar nu era o problemă așa de mare încât un pulover mai gros să nu o rezolve. Spălătorul a devenit un loc aglomerat. Jocul de lumini de lanternă pe jos și pe frunzele copacilor amintea de un club de dans. Toată lumea se spăla pe dinți de parcă ne-ar fi urmărit vreun medic stomatolog strângând din clește.

În cort, după ce am intrat în sac, mi-am lăsat lanterna frontală pe cap și am deschis carnețelul să recitesc ceea ce notasem mai devreme:

Jurnal de tabără
Întâlnire

Soare - 45, blondă avocat relație falsă
Frunză - 37, gras piese auto
Ocean - 38 chelios barbă divorțat alcoolic
Eu - 33 nu am timp și fumez mult
Tigru - 40 IT stresat anxietate
Onix - 38 brunetă bancă bolnavă mereu
Licurici - 34 dentistă, un copil, murit soțul

Gabriel a inversat zilele... Timp - ultimul

Am ațipit pentru câteva clipe, până când am auzit un sunet ciudat de pasăre. Îmi trebuia o țigară și nu reușeam să mă gândesc la altceva. Am ieșit din cort aproape pe furiș, ocolind tiptil rulotele și corturile celorlalți și căutând un loc potrivit din care să privesc cerul.

Dar nu eram singur. Ocean stătea rezemat de un copac.

- Aș bea o bere!
- Aș bea și eu o bere, dar mai degrabă aș fuma două țigări deodată, i-am răspuns eu în ton de glumă.

Ocean a rămas rezemat de copac. Privea în gol.

FRUNZĂ

Ziua 1

PESTE NOAPTE FRIGUL m-a ținut învelit în sacul de dormit, dar de dimineață am scos nerăbdător nasul din cort și aerul proaspăt de munte, cu miros de pădure și frunză de copac, m-a făcut să mă scutur o dată și tare, privind cerul senin ivit printre copaci. Liniștea încă nu plecase din tabăra noastră, iar printre două rulote l-am văzut pe Radar dormitând lângă vatra focului. M-am foit, iar el și-a ridicat capul, aruncându-mi o privire cu urechea ciulită, apoi s-a pus la loc cu botul pe labe. Am cercetat din afară rulota lui Daniel - una viu colorată, care aducea mai degrabă a vagonetă de circ. M-am îmbrăcat repede și, înainte să ies, când am băgat mâna în rucsac să-mi caut periuța de dinți, sunetul de clopot a răsunat parcă în toată pădurea. Mi-am întins gâtul afară să văd cine-l bătea. Sunetul venea dinspre șură, dincolo de vatra focului și de locul de somn a lui Radar, în jurul căruia se aflau rulotele așezate în cerc. Nu am reușit să văd picior de om și am ieșit, pornind spre pârâu. Pe drumul nebătătorit dintre corturi și rulote, m-am întâlnit cu Onix (la început îmi era greu să rostesc aceste nume, ba chiar îmi venea să râd de ele, dar numele ei l-am reținut uşor, pentru că am cumpărat mai demult nişte cercei cu piatră onix prietenei mele de atunci). Cortul ei era montat în partea opusă a micului nostru camping park. Şi tocmai ce o văzusem ieşind din el cu câteva secunde în urmă.

- Bună dimineața ...Onix!
- Bună dimineața...! răspunse ea în prima noastră zi de tabără şi rămase pe gânduri.
- Timp! am adăugat eu.
- Scuză-mă! Bună dimineața, Timp!

Licurici scoase şi ea capul din cort şi ne salută. La pârâu, Tigru se spăla la bustul gol. Şi, dintr-o dată, ceilalți au apărut de pe te miri unde. Fetele se îndreptau către spălătorul din spatele şurii, iar eu am mers să mă spăl în apa curgătoare, cu restul băieților. La întoarcere, am zărit în treacăt tabla mare atârnată pe şură, pe care cineva scrisese cu cretă programul nostru.

Mi-am organizat lucrurile în câteva minute, apoi m-am dus lângă foc. Ardea la fel de tare ca şi în seara nu demult trecută. M-am aşezat pe un butuc, lângă Ocean, vecinul meu de cort.

- Cum ai dormit? l-am întrebat, iar el, în glumă, şi-a strâns ochii culcându-şi capul pe umăr, ca să-mi arate, în vreme ce Soare şi Frunză s-au aşezat şi ei, dezbătând diferențele dintre sacii lor de dormit.

Au venit şi ceilalți, doar cei nou-veniți în tabără şi Mama, care intrase repede în rolul de moderator al grupului. Purta alți cercei decât cu o zi mai devreme, nişte cercuri împletite. Din ele atârnau pene mici şi albe ca părul ei.

- Bună dimineața, tuturor! spuse ea, ținând în mână un carnețel.

Hainele largi de pe ea, parcă mai colorate decât cele din seara trecută, o lăsau liberă să gesticuleze și să se miște cu lejeritate, făcând-o să arate mult mai tânără.

- Bună dimineața, am răspuns toți în cor, ca la școala generală.

- După cum ne-am înțeles aseară, programul zilnic a fost afișat, zise ea. Voi bate clopotul la momentul potrivit, înainte de fiecare activitate. E ziua mea de tabără, adică eu voi coordona activitățile zilei. Încă puteți să vă organizați, să mergeți la toaletă, să luați câte o sticlă de pe masa de lângă șură și să o umpleți cu apă de izvor. Izvorul se află mai sus de pârâu. Veți găsi indicații pe copaci. Urmează rugăciunea și meditația de dimineață. Fiecare va merge în cortul lui, în șură sau în pădure, iar când va bate clopotul din nou, ne vom revedea aici. Dacă doriți, puteți spune rugăciuni sau puteți sta în liniște, numărându-vă respirațiile: inspirând, unu - doi - trei - patru și expirând, unu - doi - trei - patru - cinci - șase - șapte. La întâlniri vă încurajez să vorbiți deschis și liber, pentru că unele gânduri și traume ni se strecoară în minte ca șerpii pe sub iarba uscată, sau mai degrabă ca șoarecii care se ascund în cămări și pe care nu-i putem prinde ușor - știm că sunt acolo. De asta e nevoie de curățenie, de geamuri deschise și de lumină. Dacă vă veți deschide inimile și veți avea curajul să vorbiți, vă veți întoarce acasă și veți vedea locurile, lucrurile, oamenii și activitățile cu totul altfel. Dacă nu, vă veți alege cu o simplă excursie la munte. Voi alegeți. Prietenii și colegii de muncă, în rare cazuri ne cunosc punctele slabe și, ca atare, nu ne pot ajuta. Aici comunicăm fără măști și fără teamă, pentru că succesul acestei tabere se bazează pe sinceritate și încredere. Dacă stați ascunși în interiorul bulei voastre, nu puteți să vă vindecați.

Am crezut că a încheiat, dar Mama continuă:

- Noi ne-am vindecat de diverse boli, dar e greu să explicăm cum, în mod științific și foarte clar. Ce știm sigur e că, venind aici, am renunțat la tâmpeniile pe care le făceam zi de zi. Ne încărcam mințile cu gânduri inutile. Ne umpleam zilele cu gânduri autodistructive care, oricum, nu aveau rezolvare. Ne îmbolnăveam cu hrană proastă și multă, cu poluare, alcool, tutun și altele, chiar mai rele. Acum trăim în armonie. Dar, orice am face, să țineți minte: activitatea noastră nu înlocuiește un consult medical profesionist, analize medicale și soluții bazate pe studii științifice. Mai greșim, chiar s-a întâmplat să ne contrazicem, ne mai schimbăm părerile, dar ne ascultăm și vorbim din drag față de ceilalți.

Mama a închis ochii, inspirând și expirând îndelung, în timp ce deschidea câte un deget din pumn și număra fiecare respirație. Apoi a revenit.

- Frunză, te-aș ruga să-ți scrii tot ce dorești să ne spui. Ca să nu uiți! Aici ai idei care să te ajute, dar ne vei spune doar ceea ce vrei, ce te simți tu confortabil să ne spui, zise ea, întinzând o hârtie către el.

Frunză citea întrebările de pe hârtia primită, în timp ce Mama ne împărțea câte una identică, pentru zilele următoare. Urma să vină rândul fiecăruia dintre noi.

Pe hârtie erau scrise întrebările de ghidaj:
- *Ce probleme ai?*

- *Ai întâmpinat vreo traumă majoră?*
- *Cum ți-a fost copilăria?*
- *Ce gânduri te obsedează?*
- *De ce îți este rușine?*
- *Care îți este starea de sănătate?*
- *Ai obiceiuri proaste?*
- *Ai temeri?*
- *Ai regrete?*
- *De ce ai venit și cum crezi că te putem ajuta?*

Mama continuă:
- Cine nu are caiet sau pix, să-mi spună!
Dar nimeni nu răspunse, iar ea își apropie palmele ca într-o rugăciune, ne ură succes și încheie astfel:
- Ne retragem la liniște.

Fără să mai vorbim, ne-am ridicat urmând indicațiile. Apa de izvor îmi potolise setea, iar acum duceam sticla de jumătate de litru plină cu apă la cort. Deja intrat în sacul de dormit, m-am întins să închid fermoarul cortului, mi-am scos căciula și m-am culcat pe spate. Am încercat exercițiul de respirație, numărând până la patru, apoi șapte, apoi patru, apoi șapte... și nu știu cum am făcut, dar într-un final, m-am trezit în sunetul clopotului... *ding-donggg, ding-donggg, ding-donggg...*

Linda, hippioata-psihoterapeut, a adus o tavă mare cu căni și a luat capacul de pe ceaunul aburind, după ce Robert îl mutase de pe foc, cu tot cu trepied, dincolo de cercul nostru. Cana plină îmi încălzea palmele, în timp ce o țineam cu grijă, ca pe un pui de găină. Nu am băut niciodată un ceai mai aromat. Aura, cercetătoarea, se pare că știa bine să aleagă plantele.

- Pe Frunză l-ați văzut? a întrebat Mama, în timp ce toți ceilalți așteptam cu caietele în brațe, în jurul focului.

Am ridicat din umeri privind către corturi, de unde Frunză, abia târându-și sufletul, apăru trăgându-și o vestă peste bluza de sub care, pentru câteva clipe, i se ivi, atârnând, o bucată de burtă.

- Scuze, strigă el, punându-și din mers o șapcă verde pe cap.

După câteva clipe, lăsându-și greutatea de câteva ori de pe un picior pe altul, se așeză între Robert și Daniel. Numai că s-a ridicat imediat, amintindu-și că-și uitase pixul în cort. Mama, probabil pregătită pentru astfel de momente, l-a salvat oferindu-i un creion.

După ce Mama i-a dat câteva indicații, Frunză, mângâiat și el de primele raze ale soarelui care alunecau printre copaci, a citit în gând textul de pe caiet și ne-a căutat cu privirea. După ce s-a convins că îl urmărim, mult mai sigur pe sine decât cu o seară înainte, și-a început discursul:

- Vreau să vă spun că îmi e tare foame!

Pufnirăm toți în râs, iar ceaiul din gura lui Ocean explodă până dincolo de foc, pe caietul lui Alex, pus pe o piatră în fața lui, între Daniel și Linda. Mama își acoperise fața cu palmele și, dacă nu i-ar fi tremurat umerii din cauza râsului, aș fi crezut că s-a speriat. Dar și-a revenit:

- O să treacă repede și vom merge la masă! Ia ceai și bea cât dorești, îl încurajă ea, îmbrățișând-o pe Onix. Aș vrea să ne povestești despre ce s-a întâmplat în viața ta și care crezi că sunt evenimentele care te-au adus la noi, continuă Mama.

- Scuze, zise Frunză, revenind la tonul serios care se impunea, pentru că omul se afla totuși în dificultate. Mănânc mult, dar aș vrea să fiu slab și sănătos. De când am aflat că am făcut diabet tip 2, încerc diverse regimuri, dar nu reușesc să le duc la capăt. Eram dependent de mâncare și dulciuri. Adică, sunt dependent de ele. Am și mult colesterol. Am adus lucrurile sub control pentru o vreme prin alimentație, am început să fac sport și am devenit vegetarian. Am slăbit 10 kilograme, dar m-am lăsat de sport și e vorba de stres. Îl port cu mine... Iau multe medicamente și în continuare mănânc dulciuri și când sunt trist, dar și când sunt fericit. Mă simt bolnav, sleit de puteri și obosit mental.

Frunză se opri, dar îl reporni Linda:

- Ai evitat să cauți rădăcinile problemelor tale, așa-i?

- Am preferat să iau pastile, dar am ajuns la capătul puterilor, continuă el. Toate la un loc sunt ca o apă mult prea adâncă pentru mine. Am obosit. Simt că mor și că asta e ultima mea șansă. Mi-e dor de copilăria mea, în care nu țin minte să fi avut parte de vreo traumă. Pur și simplu, îmi e rușine de mine și de felul în care trăiesc. Iar starea mea de sănătate stă la limita de risc, zise el fără oprire, după care se văzu nevoit să tragă o gură mare de aer.

Mama a împins vorba, în timp ce câțiva din grup își luau notițe.

- Ai putea să ne spui ce îți dorești?

Frunză a rămas pentru câteva secunde cu gura

căscată, apoi a vorbit din nou:

- Îmi doresc să fiu sănătos şi să am o viaţă normală, zise el, frecându-şi două dintre degete, ca şi cum ar fi numărat bancnote. Genunchiul stâng, pe care îşi ţinea cotul, îi tremura uşor.

- Spuneai că ai diabet, zise Alex. Ce vârstă spuneai că ai?

- 37, răspunse Frunză, plecându-şi capul.

- Obezitatea e un factor agravant, dar probabil că te afli într-o fază incipientă şi nu sunt mari complicaţii. Ce tratament urmezi? întrebă mai departe doctorul.

Frunză a enumerat numele unor medicamente şi i-a spus că i s-a recomandat operaţie de micşorare a stomacului.

Alex continuă:

- În loc de antiinflamatorii steroidiene şi insulină, ţi-aş sugera să te apuci să slăbeşti prin dietă şi efort fizic! Ovăzul ar trebui să facă parte din micul tău dejun în fiecare zi.

- Îmi e teamă de dietă, să nu mi se facă rău!

- Probabil că ai primit biguanide. Derivaţii de sulfoniluree pot da hipoglicemie severă, dar o să mă uit prin medicamentele tale mai târziu. Va fi bine! Dar să nu-i ţinem pe toţi în discuţia despre medicamente, zise Alex, privind-o pe Mama şi făcându-i un semn din sprânceană.

- Aveţi întrebări pentru Frunză? zise Mama către noi ceilalţi.

Soare ridică mâna şi, cu calm, după ce îşi gândi întrebarea, zise:

- Ai mâncat vreodată în tihnă, astfel încât să preţuieşti ceea ce mănânci?

- Nu cred că mi-a trecut asta prin minte. Ce vrei să spui? întrebă el.

- Hrana începe cu producerea ei şi trece printr-un lung proces până să ajungă la tine. Uite, de exemplu, dacă te-ai opri să te gândeşti cum a ajuns un sandvici în mâna ta, altfel l-ai mânca. Pâinea trece de la grâu, la făină, la cocă, şi abia apoi la felia pe care o ungi cu unt. Salamul, brânza sau roşia trec prin multe mâini până să ajungă pe sandviciul tău. Grădinăritul ne învaţă că mâncarea înseamnă alegeri, pregătire îndelungă, grijă, atenţie, răbdare, apoi, când îţi ajunge în farfurie, poţi respira, poţi remarca gusturi, mirosuri, culori..., explică ea cu palmele întinse şi deschise către cer.

Frunză tremura uşor din genunchi şi îşi ţinea mâinile împreunate peste burtă. Îi mulţumi plecându-şi capul, apoi zise, privind în gol:

- De obicei înfulec rapid ce am în faţă.

- Crezi că ai putea să încerci exerciţiul ăsta cât stai în tabără? îl întrebă Soare.

- Sună bine, dar, vă rog, nuuuu maaaai vorbiţi despre mân-ca-re! răspunse *Fruz-fomilă*, mişcându-şi cu disperare mâinile desupra capului, încrucişându-le înainte şi-napoi - semne pe care le-ar face un naufragiat pe o insulă pustie către un vapor apărut în largul mării.

- Glumeam, se scuză el, când a văzut că niciunul nu schiţam vreun gest, iar Ocean schimbă subiectul.

- Cum stai cu relaţiile sociale? Ai o parteneră? întrebă el fără să ceară cuvântul, după ce se convinse că Soare nu mai avea nimic de comentat.

- Rău! oftă Frunză. De prietena mea m-am despărţit...

Şi amuţi.

- Singurătatea poate avea implicații grave asupra sănătății, continuă Mama încrețindu-și fruntea. Dacă ai un job care să-ți placă, hrană, casă și o persoana care te acceptă așa cum ești, deja intri în rândul celor mai fericiți oameni din lume. Multe rele apar din cauza singurătății. Nu am avut aici pe nimeni care să aibă o relație bună de cuplu și să aibă nevoie de ajutor. După cum vedeți, cu toții am avut un numitor comun - singurătatea. Cu toții am cunoscut-o, într-o relație sau în afara unei relații. Întrebarea e dacă singurătatea ne aduce greutăți sau dacă greutățile ne aduc singurătatea. Când v-ați despărțit?

- Cu mulți ani în urmă, zise el.

- Atunci a început să se înrăutățească starea ta de sănătate?

- Nu înțeleg, zise el.

- Atunci ai început să te îngrași? continuă Mama.

- Exact! Nu m-am gândit... răspunse Frunză luminat, de parcă ar fi găsit cauza necazurilor lui. Nici înainte nu eram slab, e moștenire de familie. Mănânc mult din copilărie. Toți au fost mai grași, mama, tata, chiar și sora mea pot zice că e grasă. Dar de atunci am început să pun kilograme în plus.

- Nu-i adevărat, Frunză! Nu ai moștenit grăsimea, ci obiceiurile familiei tale! Ai mai vorbit cu cineva despre asta? întrebă Alex.

- Nu am știut să vorbesc cu ai mei. Nu pricep de ce îmi e greu să comunic cu cei din jurul meu atunci când e ceva important de lămurit.

- Nu ți se întâmplă doar ție și e unul dintre motivele pentru care ne-am adunat, îi explică Alex. Multor oameni le e greu să exprime durerile lor și foarte puțini știu să asculte.

Ascultându-l pe Alex, am înțeles ce căutam eu în acel grup de oameni. Am înțeles de ce am venit.

- Părinții tăi cum s-au purtat cu tine în general? Ai avut parte de afecțiune? îl întrebă Linda pe Frunză.

- Mama a murit când eram mic, iar tata, ocupat mereu, m-a ținut la distanță.

- Există cineva care te înțelege? continuă Linda.

- Nu prea. Adică nu. Ar fi sora mea, dar ea a plecat din țară și ne vedem rar. Nici eu nu am căutat să spun cuiva. M-am închis în mine, pentru că îmi e teamă de ceea ce cred ceilalți despre felul în care arăt. Cel mai greu e să aud oamenii vorbind în spatele meu: *Doamne ce gras e! Oare ce mănâncă?* Mă ascund; nu-mi place să ies. Am avut experiențe oribile cu oameni care mă tachinau. Și îmi aduc aminte de orele de sport din liceu. Văd tineri și îmi amintesc de mine mai slab, de viața mea normală, și atunci mă întristez și mănânc. Mănânc mai mult, mă întristez mai mult. Când sunt trist, mănânc de tristețe. Vreau să fiu normal. Vreau o prietenă, o viață normală. Mă simt prizonier în corpul meu, ca într-o temniță.

Cam atât am urmărit din conversație. Fără să-mi dau seama, sunetul a dispărut și m-am adâncit în gânduri, în amintiri, privindu-i pe acești oameni ca pe niște actori dintr-un film mut. Focul se înălța atât de mare, încât devenise el însuși un personaj, alături de toți cei din jurul lui. Vorbeau, gesticulau, comentau, iar eu, parcă teleportat într-o lume subacvatică, mă lăsam dus de muzica discuției lor și nu mă puteam opune. Îmi veneau în minte imaginile primelor zile în casa de la munte, apoi gândul mi-a zburat la viitorul grădinii mele. Îmi imaginam un solar de legume plantate, crescând pe rânduri, semințe în punguțe puse într-o cutie de metal, dar și prune culese din livadă și transformate în pălincă, valută de schimb pe plan local. Și mă mai gândeam la pârâul din spatele curții mele, dar și la un sistem de apă pentru solar. În rest, nu îmi aduc aminte pe unde îmi mai fugiseră gândurile.

Poate că și voi ați trecut prin asta la școală. Profesorul vorbea la tablă și se întâmpla ca pentru două, trei, cinci sau zece minute, mintea să plece în alte locuri, iar apoi, odată cu reapariția sunetului, să alunece din nou în realitatea momentului. Aveam nevoie de câteva clipe să mă dezmeticesc și să revin la ceea ce făceam înainte de *plecare*.

Așa am pățit și acum când, după nu știu câtă vreme, ca și cum aș fi ieșit de sub apă și mi s-ar fi destupat urechile, am redevenit atent la conversația dinamică din jurul focului.

- Ce pasiuni ai? întreba Aura.

- Mă joc mult pe calculator, mai ales la muncă, iar acasă mă uit la filme. Nu prea ies, zise Frunză.

- Ai un câine cu care să mergi la plimbare? am sărit și eu în discuție.

- Nu, nu am! răspunse Frunză ca la un interogatoriu, sub tirul nostru de întrebări.

După o vreme, dar parcă prea repede, Mama a încheiat sesiunea de întrebări:

- Suficient cât să avem idee, zise ea. Acum vom pleca în corturi sau în pădure la plimbare, dar neapărat separat, să ne gândim la soluții. După ce vom mânca, ne vom întâlni fără tine, ca să discutăm și, în final, te vom chema să reluăm dialogul. Mai târziu, vei vorbi cu Alex despre problemele de sănătate. Linda e psiholog, iar Aura îți va putea indica plante și soluții direct din natură. Dacă mai ai ceva de spus, te ascultăm.

Frunză privea către foc și nu credeam că va mai deschide gura. Parcă s-ar fi consumat ca o baterie. Poate că îi lipsea iubirea. Poate că tuturor ne lipsea iubirea... Stătea ca un bolovan mare și lat și parcă se chinuia să respire. Trăgând o gură de aer și punându-și mâinile pe genunchi, se aplecă puțin în față și zise:

- Am înțeles că trebuia să străbat acest drum greu pentru mine și să petrec aceste zile cu voi, ca să mă regăsesc pe mine, dar nu știu dacă voi rezista, spuse el în cele din urmă, apoi își frecă ochii cu vârful degetelor.

S-a ridicat și, după ce a făcut câțiva pași grei către cortul lui, s-a întors pe jumătate și ne-a privit.

- Locul tău e chiar aici! îi strigă Linda, care sări de la locul ei și, după câțiva pași grăbiți, îl ajunse din urmă și îl prinse strâns în brațe, atârnându-se parcă de el.

S-a dus și Aura fără să stea pe gânduri și i-a îmbrățișat pe amândoi. Într-o clipa, și Mama era lângă ei. Frunză, Linda și Aura arătau ca niște pui sub aripile găinii. În câteva secunde, unul câte unul, ne-am apropiat cu toții și, dacă ne-ați fi văzut de undeva dintre nori, ca dintr-o dronă invizibilă, v-ați fi mirat, poate, de mușuroiul mare și strâns în jurul unui om. Viața lui Frunză cred că s-a schimbat în clipa aceea! Îl îmbrățișam cu toții, chiar dacă unii nu ajungeam să-l atingem. Îmi imaginez că se simțea al cuiva, al nostru, pentru că și eu simțeam la fel. Îmbrățișam cercul de oameni și aveam un sentiment greu de explicat, ca și cum m-aș fi îmbrățișat pe mine cu mâinile lor. Nu înțeleg pe de-a întregul cum s-a petrecut minunea, iar acum, povestindu-vă, îmi pare că sună imposibil. Am trăit un sentiment rar și atât de prețios, fără să-l fi plănuit nimeni, ci iată, printr-un gest natural, pe care probabil că într-un context *normal* nu l-aș fi făcut, ne-am înfrățit și ne-am conectat ca niște copii care se cresc unii pe ceilalți. Cu toții aveam nevoie de acea îmbrățișare, nu doar Frunză.

După câteva minute ne-am împrăștiat, unii mergând fără țintă prin pădure, singuri din nou, iar alții retrași în corturi sau în rulote. Soare se pierduse undeva în stânga drumului meu, prin ferigă, iar Ocean mergea în față cu vreo douăzeci de metri.

Mă gândeam la Frunză, la îmbrățișarea de grup, dar mă luase foamea și pe mine. Ce soluție puteam eu să-i dau lui Frunză?! Eu, care fumam ca un turbat, un om fără timp, nu pentru că timpul n-ar fi existat, ci pentru că nu era destul oricum. M-am oprit lângă pârâu și m-am aplecat să beau direct din el. Păsările ciripeau și se jucau prin copaci, iar razele soarelui își făceau loc printre frunze, formând pâlcuri de luminițe, ca niște licurici, prin pădure. După o vreme, m-am așezat sub un copac mare, sprijinindu-mă de trunchiul lui gros. Ascultam cântecul naturii și sufletul îmi era liber și plin de bucurie. Am șezut - nu știu cât timp - gândind că soluția pentru Frunză trebuia să fie soluția și pentru mine. Am mai rămas o vreme pierdut în sunetele pădurii, așteptând chemarea clopotului.

N-am așteptat mult. Clopotul a răsunat în toată pădurea.

Am ajuns înapoi trecând pe lângă cuptorul de pâine din spatele șurii. Lângă perete se afla o masă plină cu mâncare, de unde fiecare dintre cei ajunși înaintea mea se servea cu câte ceva. Imaginea m-a făcut să râd de bucurie. Ceaunul plin cu ceai, borcanele cu cereale, un bol cât o găleată plin cu nuci, iar lângă el, un alt borcan mare cu dulceață. Biscuiți, lapte de la vacile pădurarului, ouă fierte, mere, ovăz - un mic dejun pe placul unui rege.

- Ce bun e! mormăi Frunză cu gura plină, în timp ce Radar își servea porția din bolul lui și probabil că ar fi spus același lucru dacă ar fi putut vorbi.
- Nu mai aveam mult și leșinam de foame! a continuat Frunză, mișcând din fălcile pline.

Ne-am luat farfuriile de tablă pline și ne-am dus lângă foc, unde nimeni n-a mai scos o vorbă. Am mâncat așezați pe bănci și pe butuci.

După masă ne-am spălat bolurile, ne-am pus ceai în căni și am revenit în jurul focului cu toții, în afară de Frunză care, dacă se afla în cortul lui, cu siguranță nu ne putea auzi. Oricum, l-am văzut plecând, dar nu l-am mai urmărit.

Mama ne-a întrebat la ce soluții ne-am gândit pentru Frunză. Am vorbit câte și mai câte, despre noi, despre greșeli din trecut; în final, ne-am înțeles cum să facem, ce să-i spunem și ce n-ar trebui spus. Voi trece direct la momentul în care Mama a bătut clopotul, iar Frunză a venit și s-a așezat între noi, pentru că asta cred că vă interesează mai mult:

- Sunt aici, ne anunță el, ivindu-se în grabă printre

rulote, cu mânecile suflecate și cu o mână ridicată.

Frunză s-a așezat și a primit o cană cu ceai de la Aura, care se îngrijea tare mult de partea aromată a taberei.

- Cine începe? întrebă Mama.
- Eu! am spus, ridicând două degete ca la școală, în momentele de prezență totală, nu doar fizică.

Am ridicat privirea către cerul senin ivit printre frunze, în care mi-am căutat cuvintele, țintindu-l apoi pe Frunză.

- Vreau să știi ce mi-a trecut prin minte stând în pădure sub un copac adineauri. Soluția pentru tine cred eu că poate fi utilă fiecăruia dintre noi, și anume, trebuie să meditezi la anii în care trăiai așa cum îți dorești. Să te gândești cum trăiai atunci când nu mâncai mult. Să te imaginezi din nou slab, energic, echilibrat, sănătos. Cred că ar trebui să te gândești seara, când pui capul pe pernă. Să închizi ochii și să te vezi din nou așa. Și cred că exercițiul ăsta e bun pentru fiecare dintre noi.

Frunză își nota ceva în carnețel, iar Soare spuse:

- Revin la ce ți-am mai spus. Serios! Poți învăța să apreciezi hrana! Când o vezi în farfurie să te gândești că ești ceea ce mănânci, că se va transforma în celule ale corpul tău. Alege ce să mănânci!

- Da, spuse Licurici, ar trebui ca mâncatul să fie o meditație. Să ne gândim la fiecare legumă din farfurie. Să-i mulțumim morcovului și să ni-l imaginăm cum a crescut pentru noi, bătut de vânt, udat de ploaie - imaginile asta ne-au smuls zâmbete tuturor.

- Eu cred că ar trebui să bei apă sau să-ți faci câte un ceai oricând simți că ți-e foame, dar știu că nu e simplu! zise Ocean, probabil gândindu-se la înlocuirea alcoolului. Să ai mereu o sticlă de apă cu tine!

- Suntem alături de tine, spuse Aura zâmbind, cu bărbia pe mâinile împreunate și cu coatele pe genunchi!

Daniel ridică pixul și scutură din el, căutându-și cuvintele.

- Eu cred că ți s-ar potrivi un job mai activ. Plus că schimbarea jobului te-ar ajuta pe plan social. Spuneai că lucrezi la firma tatălui tău și că acolo te joci mult pe calculator. Schimbă-ți job-ul! Caută unul mai antrenant, care să-ți placă! Serios! întări el vorba, ridicând o sprânceană.

- De acord, zise Alex, doctorul. În condiții bune pentru sănătate, boala pierde teren!

Frunză își mutase privirea în jos și nu părea că se bucură.

- Știu că e mult, și e de înțeles că e greu, dar încearcă să nu te lași copleșit. Suntem aici ca să te ajutăm. Eu o să-ți fac o listă cu cărți care cred că or să-ți folosească, spuse Linda.

- Cred că e timpul să găsești un mod plăcut de a face sport, zise Tigru, iar Frunză își ridică privirea. Bănuiesc că te-ai forțat și nu ți-a plăcut. Dar sunt și alte căi. Poți vedea un film, pentru că zici că-ți plac filmele, pedalând lejer pe o bicicletă de cameră. Mi-ar plăcea să te ajut, pentru că iubesc sportul.

- Cred și eu că ar trebui să-ți schimbi radical viața, spuse Soare. Daniel are dreptate. Ai putea începe cu locul de muncă!

În ochii lui Frunză am putut vedea o sclipire de speranță. Dar n-a spus nimic. Aștepta.

- Ai putea încerca să te rogi. Rugăciunea e o formă de terapie. Căutând soluții pentru mine, citisem zilele trecute despre faptul că rugăciunea activează gene care pot lupta cu bolile, zise Onix, ținându-și mâinile în jurul picioarelor, adunată toată și îmbrăcată cu haine groase.

Eu priveam focul înălțându-se în mijlocul nostru.

- Bună remarcă, Onix! zise Mama cu o privire blândă. Eu o fac zi de zi.

Frunză nota în carnețel, conștiincios și tăcut.

- Alex, mergeți acum? întrebă Gabriel, după ce s-a asigurat că noi, ceilalți, nu mai aveam nimic de spus.

- Sigur! răspunse Alex. Frunză, după ce termini de scris, vino cu mine în șură să vorbim despre medicamentele tale, colesterol și alimentație. Am câteva recomandări pentru tine, dar trebuie să aflu mai multe detalii care nu-i privesc pe ceilalți.

- Excelent! Vom mai sta de vorbă cu Frunză, așa cum vom face cu fiecare dintre voi în parte. Acum sunteți liberi. Când va bate clopotul, ne vom aduna la joacă! zise Mama, plecând capul ușor în față și lipindu-și palmele ca într-o rugăciune.

Trecuse de miezul zilei iar eu, așteptând chemarea, mă învârteam printre șură și rulote, cercetând instalațiile solare. După ce am admirat rulota lui Gabriel, m-am întors către clopotul agățat în colțul șurii și apoi către panoul cu programul nostru, afișat sub streașină:

07:00: Bună dimineața!
07:30 Rugăciune / meditație
08:00 FRUNZĂ
09:00 Masa de dimineață
10:00 Soluții, discuții de grup

13:00 Activități, jocuri
16:00 Pregătirea mesei, munci diverse
18:00 Masa de seară
19:00 Ultimele sfaturi
21:15 Meditația de seară
22:00 Noapte bună!

Mă îndreptam către Robert și Gabriel, care vorbeau lângă ușa șurii, iar Mama tocmai ce ieșea din rulota ei. A trebuit să trântească ușa de două ori ca să se închidă. Auzind loviturile cu ușa, m-am întors spre ea și, până să apuc eu să deschid gura, mi-a arătat colțul șurii și mi-a spus, pășind de pe treaptă pe pământ:
- Vrei să bați clopotul, te rog?
- Acum? am întrebat-o, nu știu de ce.
- Acum! mi-a confirmat ea.

Sunetul plin de talangă a umplut spațiul din jurul meu, în timp ce trăgeam de sfoara fermecată. Nu au trecut multe minute până când colegii mei de tabără s-au adunat în jurul focului, trupuri și suflete în jurul simbolului vieții.

Mama venea și ea, vorbind încă din mers, înainte să se așeze.
- Am ajuns la vremea pentru joacă, zise ea. Vă invit la o plimbare. Plimbându-vă prin pădure, veți învăța să fiți prezenți. Vom îmbrățișa câte un copac. Alegeți-l bine! Poate că vă veți întoarce la el.
- Vom vorbi cu copacii? întrebă Ocean.
- Bine ar fi să reușești! zise Mama râzând.
După câteva minute de organizare, am trecut în șir

indian printre copaci mari şi, după vreo cinci minute de mers, am ajuns în pădurea albă şi plină de mesteceni din apropiere. Îmi părea rău că nu luasem telefonul din cort să fac poze. Peste tot în jurul meu, mesteceni înalţi cu trunchiul alb şi coroană bogată, erau unul mai frumos ca altul. Unii creşteau câte doi din aceeaşi rădăcină, alţii erau unul lângă celălalt. Credeam că va fi greu să aleg unul pe care să-l îmbrăţişez.

- Haideţi să ne împrăştiem şi să ne găsim fiecare copacul! ne încurajă Mama.

- Sunt atât de mulţi! se miră Soare.

- După ce îl găsiţi, luaţi-l în braţe, ascultaţi-l, ascultaţi natura, şi după ce vă săturaţi, aşezaţi-vă lângă copac şi închideţi ochii. Staţi cât de mult puteţi. Ne vom întoarce la tabără separat; fiecare o să plece când simte nevoia să plece. Drumul e uşor de găsit. Atenţie la sunete şi la prezent! zise Mama, apoi îi şopti lui Frunză ceva despre sevă şi hrană.

Am făcut vreo treizeci de paşi, mergând la un copac, şi apoi la altul, până când, fără să vreau, m-am lovit cu umărul de unul şi m-am oprit ca să-i privesc coroana. L-am găsit! Sau m-a ales el pe mine? Dacă m-ar fi putut privi de sus, ar fi văzut un om cu gura căscată, aşa cum mă uit eu la motanii mei care cer de mâncare din oră în oră.

L-am luat în braţe şi m-am lipit de el. Copacul meu! Am pus urechea pe el să-l ascult, şi încet-încet, m-am scurs la baza lui şi am rămas cu ochii închişi, mirându-mă de mine. *Voi vorbiţi între voi?* l-am întrebat în gând. Copacul n-a zis nimic. Sau nu eram încă în stare să-i aud răspunsul.

Nu ştiu cât timp am stat acolo. Când mi-am deschis

pleoapele şi m-am ridicat să plec, am zărit-o pe Onix atârnată de un mesteacăn şi pe Ocean stând la baza altuia. Dacă aş fi întins mâna şi aş fi ridicat un deget să-l pun între ei, n-ar fi încăput, deşi îi despărţeau vreo cincizeci de metri, dacă nu cumva mai mult.

Undeva mai jos, greu şi cu capul plecat, Frunză se întorcea către tabără, lăsând în urma lui o dâră printre frunze, ca un vapor care desparte apa unei mări. Mi-am lăsat ochii în pământ ca să nu pierd experienţa îmbrăţişării copacului prea curând. L-am îmbrăţişat încă o dată, punându-mi braţele în jurul lui, după care am plecat fără să mai caut pe altcineva sau altceva. Când am ajuns la pârâu, m-am aplecat şi am băut apă, apoi m-am dus direct în cort şi m-am ascuns în sacul de dormit.

Peste tabără se lăsase o lungă tăcere, chiar dacă era miezul zilei. Întors pe o parte şi cu o mână sub cap, intram uşor în lumea viselor. Nu ştiu dacă am aţipit sau doar am stat într-o stare de relaxare, dar m-am trezit brusc la sunetul clopotului, semn că trebuia să muncim.

Fetele s-au apucat de gătit la bucătăria din spatele şurii, iar pe noi, băieţii, Mama ne-a trimis la adunat lemne, însoţiţi de Robert, îmbrăcat din nou în ţinută militară. Ţinea în mână o grămadă de coarde cu care urma să legăm lemnele din pădure şi să le tragem după noi în tabără.

- E plină pădurea de uscături. Le-aţi văzut probabil, zise el. Le vom aranja în spatele şurii, lângă cuptor.

În câteva minute, ne-au ajuns din urmă Alex şi Daniel. Tigru şi Ocean mergeau în faţa mea, în urma lui Robert. Am găsit o grămadă de lemne pe care, fie le-am târât după noi, fie le-am luat în spinare. După a treia tură de cărat, Frunză ne-a părăsit, alegând bucătăria, după ce și-a tras mai întâi sufletul lângă foc. Transpirase și se vedea pe el că trasul de lemne l-a epuizat - de înțeles. Nu poți face schimbarea dintr-o dată cu atâtea kilograme de dus pe picioare.

Aromele mâncării ne atrăgeau de câte ori treceam prin apropiere cu lemnele. Am clădit o grămadă serioasă lângă mașina de spălat fără curent, atașată la pedalele unei biciclete statice. Mai sus există și o vâltoare naturală în pârâu, unde poți să pui o pătură și să o iei mai târziu spălată gata, fără detergent. După ce ne-am făcut norma de lemne, iar ceaunul cu mâncare a dat în ultimele clocote, ne-am spălat la pârâu și ne-am așezat în jurul focului.

- Credeam că totul costă, vorbi Frunză.
- E discutabil, comentă Robert.
- Uite, lemnele sunt gratis, continuă Frunză.
- Nu sunt gratis, Frunză! Sunt plătite prin muncă. Nu toată lumea are timp și nu toată lumea vrea să-și ofere energia pe căratul lemnelor. Și mai e un aspect. Au trecut zeci de ani ca să învăț diferența dintre un piper aromat, dar scump, și unul prost. Mereu am cumpărat piper ieftin, crezând că piperul tot piper e, și nu e așa!

- Adică lucrurile bune cer mai mult efort? întrebă Frunză, iar Robert ridică din umeri și din sprâncene, în timp ce-și strânse buzele.

Mama a bătut clopotul și, în timp ce ne umpleam bolurile cu tocană de ciuperci culese de Aura și Linda, ea ne îndemna să mestecăm rar, să mulțumim hranei și să conștientizăm fiecare îmbucătură. Ne-a mai spus despre importanța meselor luate împreună, care îi fac pe oameni să se atașeze mai mult unii de ceilalți. Apoi

Alex ne-a explicat despre energia consumată pentru digestie, iar eu încercam să înțeleg diferențele dintre o masă luată în mașină, într-o parcare sau la birou și cea din mijlocul pădurii. După rugăciunea spusă în gând, ne-am apucat să mâncăm în liniște. Focul trosnea și povestea în locul nostru. Eram atent la gusturi și arome, și mâncarea era atât de bună în aerul pădurii. Mestecam cu toții rar, nu ne grăbea nimeni și nu aveam, oricum, nimic altceva mai bun de făcut pe lume. Atunci când ochii mi se îndreptau către tovarășii mei de masă, mă întâmpina câte un zâmbet, pe care îl întorceam și eu, instinctiv.

După ce mi-am spălat vasul, am descoperit o cămară făcută în pământ, cu ziduri din saci cu pământ, unde l-am ajutat pe Robert să ducă ceaunul. Pe rafturi aveau încă mere și cartofi din toamnă, nuci și borcane cu zarzavaturi. Pe pământul care ținea loc de podea și într-un dulap, stăteau borcane cu gemuri și sosuri de roșii, murături și zacuscă. Făina, orezul și alte produse erau păstrate în butoiașe cu capac, ca să nu ajungă șoarecii la ele.

- Merele și cartofii sunt din sat. Ne ajută pădurarul, zise el, văzându-mă cum admiram bogăția de sub pământ.

Când ne-am întors, Mama a anunțat întâlnirea următoare. Mai aveam câteva minute să ne pregătim. Dar au trecut repede, iar clopotul a sunat pentru toți paisprezece, care ne-am întâlnit din nou în jurul focului. Aura ne pregătise ceai în ceaunul mai mic, altul decât cel în care gătiseră fetele și Frunză.

Alex își drese vocea, dar nu vorbi. Frunză tăcea și el.
- La ce te gândești? rupse Mama tăcerea.
- Simt că se va întâmpla ceva minunat! mărturisi Frunză.
- Ce?
- Habar nu am, dar simt că se va întâmpla!

Deși era gras, corpul lui arăta mai bine decât rănile ascunse în sufletul lui, pe care i le citeam în ochi. După câteva schimburi de replici, Linda i se adresă lui Frunză:

- E important ce ai trăit în copilărie și ce ți s-a spus atunci. Întorcându-te în acea vreme, s-ar putea să găsești răspunsuri importante. În psihologie încercăm să găsim legăturile dintre stres, dependențe și traume din copilărie, pentru că întotdeauna, cu rare excepții, există conexiuni între ele. Atașamentele sunt lucrurile fără de care ajungem să credem că nu putem trăi. Mașina poate deveni o dependență, ca și alcoolul, telefonul, rețelele sociale, persoane, țigări, jocuri pe calculator, locuri, job, și chiar idei sau principii, dar și mâncarea, dulciurile..., zise ea, iar noi notam conștiincios în carnețele.

După ea a vorbit Aura:
- Ideea de mâncare mai puțină și hrană mai multă ar trebui să ne fie subiect de studiu. *Mâncare mai puțină* nu înseamnă porție de rândunică, dar o dietă echilibrată este o bună parte din rețeta unei vieți lungi și sănătoase. O să-ți spun ceva ce n-o să-ți placă - eu n-am văzut centenar cu burtă!

Frunză se forță să râdă, dar îi ieșiră pe gură doar câteva sunete timide care aduceau mai mult a tuse.

Discuția a luat-o în mai multe direcții. Daniel ne-a

vorbit despre spiritualitate și cum o putem folosi ca să ne vindecam de dependențe. Toate sfaturile erau menite să ne ajute, să ne deschidă mintea și, în particular, să-l lumineze pe Frunză în ziua lui de tabără.

- Ești atent la semne? întrebă Gabriel, fixându-l pe Frunză.
- Ce semne? se miră acesta.
- Corpul tău nu strigă să-l ajuți, să nu-l distrugi? continuă Gabriel.
- Ba da, dar cred că le-am ignorat. Nu știu prin câte ar trebui să trec ca să mă trezesc. Probabil că unii așteaptă să le spună doctorul că mor ca să se trezească.
- Aici vorbim despre tine, nu despre alții! rosti Gabriel, încercând probabil să-l țină pe Frunză ancorat în povestea lui. Aș vrea să ne spui despre ce faci tu. Deci ai primit semne, concluzionă el.
- Da, am primit, răspunse Frunză încruntat.
- Fii atent la ele! Și ca să nu le pierzi, ai putea ține un jurnal, lucru care te-ar putea ajuta să înțelegi mai bine ce faci greșit. Asta ca să iei decizii mai bune pentru tine. Cu toții primim semne, dar ele diferă de la caz la caz. Corpul îți spune ce trebuie să faci. Ascultă-l!

Iar eu mă gândeam că în viață primim ceea ce ne străduim să obținem, și nu neapărat ceea ce credem că merităm.

- Știu ce trebuie să fac, sau mai degrabă să nu mai fac, dar nu mă pot opune!
- Da, normal, pentru că mintea ta are răspunsuri pregătite! S-a antrenat mult pentru eșec și ai dat destule rateuri ca să te mai opui. Dar dacă vei păstra pentru patru săptămâni un stil de viață sănătos, acesta îți va intra în codul genetic - cel puțin așa spun specialiștii.

Până la finalul taberei aş vrea să reuşesc să vorbesc cu stomacul tău. Aş vrea să îi comunic un mesaj, încheie Gabriel.

Frunză ne-a mulţumit pentru orele pe care i le-am dedicat împreună. Ne-a mărturisit că a venit pur întâmplător şi că deja simţea schimbarea, fiind sigur că va pleca mai înţelept din tabără! Poate că era doar emoţia acelei zile sau chiar se schimba. Încă nu ştiam ce avea să se întâmple şi dacă *terapia* noastră era eficientă.

Oricum, în zilele următoare, Frunză a mai dat târcoale pe la masa de lângă şură să-şi umple gura cu biscuiţi şi mere. Dar îşi trăgea repede mâna dintre alimente şi devenea brusc un copilaş obedient atunci când îşi întâlnea ochii cu ai altcuiva. Era firesc să îl apuce foamea, pentru că obiceiurile proaste nu dispar peste noapte.

Mai târziu ne-am strâns în şură, pentru că afară se lăsase frigul de-a binelea şi ne-am aşezat pe canapele, în fotolii şi pe nişte perne enorme, căutându-ne poziţii relaxante pentru meditaţie.

Gabriel suflase în lumânările tremurânde şi se aşezase în fotoliul lui, acoperindu-şi picioarele cu o pătură. Se auzea doar ticăitul ceasului şi se făcuse atât de linişte încât părea că ne ţineam cu toţii respiraţia, până când vocea lui caldă a umplut încăperea:

- Încercăm să ne schimbăm purtările în speranţa că va veni acea vreme pentru care nu ne simţim niciodată pregătiţi - să ne ascultăm inima şi să facem cum vrea ea! Până atunci, umblăm legaţi la ochi şi ne simţim pierduți. Însă cu toții sperăm că nu o să murim înainte să o luăm pe calea inimii. Pe calea pe care moartea nu ne mai sperie.

Ceasul parcă obosise să mai bată și lungea secundele. *Tic-taaac, tic-taaac, tic-taaac, tic-taaac* – era tot ce mai auzeam în întuneric.

Mintea mea încerca să repună în ordine și să înțeleagă cele spuse de el. Dar dintr-o dată, printre ticăiturile din ce în ce mai rare ale ceasului, Gabriel a eliberat în bezna încăperii întrebarea pentru meditație, întrebare care a răsunat în mintea mea ca un ecou în acea noapte și în multe zile și săptămâni după aceea:

- *Inimă, tu ce vrei?*

ONIX

Ziua 2

PLOAIA CARE LOVEA cortul nu a reușit să mă trezească, însă clopotului nu i-a luat mult. Primul lui sunet m-a făcut să deschid ochii.

Mi-am pus fâșul, am tras gluga pe cap și am alergat la pârâu să mă spăl pe față. Nu mi-a plăcut că focul din centrul taberei noastre lipsea. Mă obișnuisem cu el.

La întoarcere, Daniel îmi făcea cu mâna de sub streașina șurii, iar Linda, lângă el, scria pe tablă *ONIX* în dreptul orei 8:00.

Înapoi în cort, am deschis telefonul să caut o rugăciune. În schimb, am găsit un mesaj de la Johanna și Chris, rămași acasă. Nu găseau uleiul de gătit. Le-am răspuns să caute în subsol, în cutia albă cu capac, și am revenit la rugăciune, dar căutând-o, gândurile mele s-au risipit în tăcere. Am pus telefonul pe sacul de dormit și am rămas privind în gol, prin materialul cortului, încercând să-mi imaginez stropii de ploaie care îl loveau încet și sacadat.

Mai târziu, clopotul ne-a adunat pe toți în șură și ne-am așezat fiecare pe unde a găsit loc. Unii la masa mare cu fața spre încăpere, iar alții pe o canapea și fotolii în partea opusă. Fetele au aprins câteva lumânări, iar încăperea s-a transformat într-un loc de poveste.

Linda stătea în picioare, cu o mână pe umărul lui Onix:

- Bună dimineața, dragilor! Eu voi organiza tabăra, iar Onix ne va spune de ce a venit. Dacă are cineva ceva de spus despre ziua de ieri, dacă aveți întrebări, haideți să le lămurim înainte de toate, spuse ea gesticulând, îmbrăcată cu o bluză de lână și o rochie verde pe care era pictată o mandală colorată.

Ne uitam unii la ceilalți și nimeni nu părea dornic să pună întrebări.

- Onix, te ascultăm, zise Linda, așezându-se și punându-și un picior peste celălalt genunchi.

Onix stătea adunată între Linda și Tigru, la mijlocul mesei lungi. Era îmbrăcată în negru, iar tenul ei alb, ochii verzi, buzele parcă rujate cu roșu aprins, obrajii roșii și ei, toate adunate, în lumina lumânărilor, o făceau să arate mai degrabă ca o păpușă vie, care vorbea, gesticulând cu mâini fine:

- M-am gândit la ce să spun și cum să spun. Vreau să fiu sinceră pentru că nu am nimic de pierdut, dar nu știu cum să vă explic.

- De ce ai venit? o ajută Mama.

Onix începu timid, dar prinse încredere și forță după primele cuvinte, accelerându-le, cum accelerezi mașina la intrarea pe autostradă, după ce ai părăsit drumul noroios:

- De ce am venit? Vreau să învăț să-mi trăiesc frumos viața și să mă bucur, zise ea. Adesea mă simt bolnavă. Am atacuri de panică din când în când și e îngrozitor. În acele momente mă sperie moartea. După ce merg la doctor și îmi fac analize, îmi e bine o vreme, pentru că analizele sunt mereu bune, dar îmi e teamă de ele, de spital și de medici. Inima e în regulă, am făcut EKG. Analizele de sânge sunt bune, glanda tiroidă la fel. Dar trăiesc cu teama de boală, de moarte. (scuze că șușotesc, dar eu mi-am notat în carnețel: *Moartea ne sperie atunci când nu trăim!*). În prezent nu am o relație - poate fi o cauză - iar fostul meu prieten a murit și...

Îi pieri vocea și urmă o ezitare lungă și incomodă. Onix cercetă lumânările care ardeau în sfeșnice și apoi, cu gura întredeschisă, privi către tavan. În cele din urmă își veni în fire, scuturându-se ca și cum ar fi luat-o brusc frigul.

- Nu-mi vine să cred că v-am spus, continuă Onix cu buzele tremurânde. Am venit în tabără ca să învăț să trăiesc. Și sper să se întâmple. Mulțumesc tuturor că m-ați primit!

- Poate că nici nu realizezi pe moment cât de bine e să te deschizi și să te eliberezi de poverile tale, spunându-le altora, zise Mama. Am trecut și eu prin perioade în care am tăcut și am ținut în mine o durere care, pur și simplu, mă sfâșia pe dinăuntru. E firesc să ai emoții, dar emoțiile fac viața să merite trăită! Nu fugii de vulnerabilitate, pentru că face parte din tine!

Să nu aibă Onix o relație mi se părea culmea culmilor. Aș fi putut jura că orice bărbat și-ar fi dorit o femeie ca ea. Dar pe ea se pare că n-o interesa.

Își adună mâinile lungi în jur, iar zâmbetul ei trist ne

făcea să o privim fascinați. Mai rar să vezi un zâmbet trist. Linda ne privi roată și spuse:

- Aveți întrebări pentru Onix?

Ne căutam notițele și pesemne că nu voia nicicare să înceapă, așa că a continuat Linda:

- Cum te simți la locul de muncă, Onix?

- Vă spuneam în prima seară, zise ea, lucrez într-un birou fără geamuri și, în zilele scurte de iarnă, nici nu apuc să văd lumina soarelui. Stau în umbră, la propriu și la figurat, dar îmi fac treaba. Nu cer ajutor nimănui! Merg la muncă înainte să urce soarele pe cer și plec după ce coboară după blocuri, explică ea, punându-și din nou mâinile în cruce pe lângă corp, îmbrățișându-se pe sine.

- Ai avut vreun șoc în familie legat de vreo boală? interveni Alex.

Onix s-a uitat la Linda; la Alex; iarăși la Linda; din nou la Alex.

- Da, zise ea, făcând o pauză lungă, întreruptă de Alex:

- Ne poți spune?

- Tata a murit după ce s-a luptat luni de zile cu boala. L-am văzut stingându-se când încă eram un copil, zise ea, privind podeaua.

Alex oftă și continuă:

- Trebuie să-ți fi fost tare greu, iar frica de atunci probabil că nu s-a stins complet cu trecerea timpului, spuse doctorul, notând ceva în carnețelul lui. Ce simptome ai?

- Uneori îmi bate inima încât mi se pare că pierd controlul. Se întâmplă tot mai des. Mi s-au prescris antidepresive, dar îmi e teamă de reacțiile adverse.

- Cum adică, pierzi controlul? insistă Alex.

- Amețesc și respir repede. Simt adesea un nod în gât, iar uneori, când se întâmplă să îmi fie rău, am palpitații și intru în panică. Mă sufoc și corpul meu începe să tremure. Atunci simt că mor. Și totuși, am rămas întreagă de fiecare dată. Dar stau adesea cu teama de un nou astfel de atac de panică sau ce-o fi el. Acum mă simt limpede... nu găsesc un alt cuvânt. Mă simt limpede pentru că sunt atât de liberă și eliberată aici, dar în zilele normale știu că se poate repeta în orice clipă.

Alex își apăsa buzele cu degetul și căuta un răspuns, pe care îl și trânti:

-Te-ai rupt de rutină, de job, de mediul de zi cu zi, și ai venit în natură - motive pentru care te simți liberă și eliberată. Despre sistemul nervos simpatic și parasimpatic ai auzit vreodată?

- Nu! răspunse ea.

- Îți voi da o carte, cred că o am în rulotă! *SISTEMUL NERVOS PARASIMPATIC*. Ar trebui să stai cât mai mult în stare parasimpatică, de relaxare și de vindecare a corpului. Cred că tu stai prea mult în starea cealaltă, simpatică - de luptă. Probabil trăiești constant cu sentimentul de pericol, iar corpul tău reacționează prin simptomele pe care ni le-ai descris. Dar ai putea să crești capacitatea lui de a se relaxa și regenera singur. Sistemul nervos parasimpatic este frâna automată din corpul tău. În plus, te-ar ajuta tehnici de respirație, meditația, Tai Chi și Qi Gong. Ca să ieși din starea de luptă în care sistemul tău imunitar e blocat, învață să mănânci în tihnă, să te odihnești, să stai cât mai mult în natură și să dormi, zise doctorul, parcă numărându-și, în același timp, degetele.

Onix nota, și nu doar ea - auzeam creioane și pixuri frecându-se de hârtii peste tot în jurul meu.

- Cum vezi viitorul? întrebă Alex, după ce ea se opri din scris.

- Văd ce e mai rău în toate. Îmi fac prea multe griji și sunt obosită! Dar aici îmi place, răspunse și își mută privirea către Mama.

Mama îi zâmbi.

- Și mai e ceva, continuă Onix. De mult simt că mă abandonez. Absorb durerea și poate că...

Se opri. Iar noi o priveam cu energia unei galerii de fotbal care era gata să erupă: *HAI-DE, O-NIX!!! CU-RAJ, O-NIX!!* Dar nici n-am clipit. Eu stăteam cu gura întredeschisă și cu coatele pe genunchi, așteptând. În cele din urmă, a reușit să scoată din ea acele cuvinte care părea că o dureau:

- Poate că îmi e teamă să nu dezamăgesc!

- Ai dezamăgit vreodată pe cineva? Ți-a spus cineva asta? întrebă Mama.

- Nu cred, poate că e doar în capul meu.

- Dar acum? Cum te simți acum? întrebă Frunză, ca și cum el n-ar mai fi avut nici o problemă.

- Mă simt în siguranță cu voi și m-am odihnit în ultimele două nopți. Chiar dacă dorm în cort, aș vrea să nu mai plec de aici...

În timp ce o priveam pe Onix vorbind, gândul mi-a zburat în copilăria mea, pedalând pe bicicletă de zor, pe o stradă fără capăt. Nu știu cum de am ajuns acolo. Vedeam cu claritate drumul și ghidonul semicursierei, dar m-am întors în prezent când Tigru, aflat lângă Onix, o prinse atent și o trase spre el, ca un frate mai mare, iar ea ridică mâna și îl atinse pe umăr.

- Și eu simt la fel! îi șopti el, ridicând o sprânceană. Ziceai că îți e teamă să nu dezamăgești...

- Simt că teama mă năpădește. O simt în piept, îmi strânge plămânii și... cam atât, spuse ea dând din umeri.

- Îți e teamă să nu dezamăgești, dar nu ai dezamăgit. Adică suferi pentru lucruri care nu s-au întâmplat! Teama e doar în capul tău.

- Vrei să spui că e o teamă copilărească, nu? întrebă ea.

- Cred că da, îi răspunse Tigru, privind-o lung.

Tigru și Onix vorbeau atât de natural, ca și cum doar ei doi ar fi fost acolo, fără ca altcineva să-i audă.

- Ce faci în timpul liber? se băgă Ocean, despărțindu-le privirile și scărpinându-se în cap.

Onix se gândi pentru câteva clipe, apoi răspunse:

- Mă uit la câte un film, merg la cumpărături, îmi vizitez mama și... mai ies cu colegii. Nu am mulți prieteni. Sunt mai singuratică, îmi place să stau în cuibul meu.

- Ha! Dacă aș face ce faci tu, cred că mi-ar fi mult mai bine, zise Ocean, apoi își strânse buzele, dând din cap aprobator.

- Ce mănânci? întrebă Licurici.

- Mănânc puțin și divers. La muncă un fruct, iar acasă, primesc de la mama ce gătește ea. Dulciuri deloc, răspunse Onix, ridicând ușor mâinile și aplecându-și fața către pământ, privindu-și corpul firav cu subînțeles.

- Arăți foarte bine, zise Licurici, iar Onix își acoperi zâmbetul cu mâinile.

- Te simți obosită, ziceai. Nu cumva job-ul e cauza? am întrebat eu.

- Da, poate. Oboseala asta o port cu mine de ceva vreme. Tare aș vrea să scap de ea.

- Tu care crezi că e soluția? am insistat.

- Habar nu am, parcă mă învârt într-un cerc. Îmi face rău și, totuși, mă învârt în el. Poate că soluția e să ies odată din cercul ăsta blestemat.

Ai găsit-o! mi-am spus în gând. Dar m-am rezumat la a da din cap afirmativ, deși nimeni nu se uita la mine.

- Ce ne poți spune despre ultima ta relație? întrebă Aura.

- Frumoasă la început, dar în final... El a stricat-o prin gelozie! Aproape la orice discuție despre relația noastră exploda ca o bombă. Am știut că va ajunge la violență fizică, dar nu aveam puterea să plec. Nu știam cum să fac. Și mă oprea teama de-a o spune cuiva. Ba chiar mă simțeam vinovată. Poate că el m-a făcut să mă simt vinovată. Avea probleme grave. Tatăl lui s-a spânzurat din gelozie.

- Și cum s-a terminat? continuă Aura.

- S-a sinucis și el.

Șoc și tăcere!

Ne priveam unii pe ceilalți, până când Aura s-a simțit împinsă de privirile noastre să zică ceva.

- De atunci ai atacuri de panică? întrebă ea, fără să se miște și fără să clipească.

- Cred că da. El și tatăl lui s-au sinucis la distanță de câteva săptămâni. A fost o perioadă îngrozitoare!

- Incredibil! Îmi pare rău! șopti Aura.

Linda interveni ca o vijelie în discuție și spuse turuind, ca și cum ar fi dispărut spațiile dintre cuvinte:

- Dacă vrei ne putem opri chiar acum!

- În acea seară m-a lovit pentru prima oară, apoi a plecat și s-a izbit intenționat cu mașina de un cap de pod, continuă Onix cu vocea apăsată, ignorând-o pe Linda și privind încruntată, parcă, prin perete. Nopți la rând m-am izbit și eu odată cu el de acel cap de pod. Nu trebuia decât să închid ochii și simțeam tablele mașinii trecând prin mine. Cioburile de sticlă, sunetul de fiare contorsionate... M-a amenințat de multe ori că o va face și chiar a făcut-o. Vreau să înțeleg, dar ce am trăit cu el pare de neînțeles.

- S-a întâmplat recent? întrebă Aura.

- A trecut mai bine de un an, zise Onix cu jumătate de glas.

- Și de atunci ești singură, completă Mama.

- Da. Cred că am obosit și aș vrea să ne oprim.

Unii notau idei, alții priveau în gol, iar Onix își lăsă bărbia în piept, astfel încât părul îi acoperi mâinile.

Linda se ridică și spuse:

- E o idee bună să ne oprim. Oricum, avem destule date să ne facem o părere. Eu zic să mâncăm, apoi să ne retragem și ne revedem mai târziu. Ok?

În cort, în sacul de dormit, culcat pe burtă, mă gândeam la Onix și la ce aș fi putut să-i spun. Ce aș fi vrut să-mi spună mie cineva? Fumasem ultima țigară înainte de a pleca spre tabără, iar acum mă gândeam la pachetul de pe pervazul geamului de acasă. Am rezistat destul și îmi trebuia o țigară.

Ploaia se oprise, iar soarele se cățărase pe cerul senin. După ce am ieșit din corturi și rulote, chemați de sunetul clopotului, ne-am așezat pe butucii și băncile din jurul focului aprins de Robert. Onix nu era acolo. Cum știți deja, cel în cauză nu participă la prima discuție de grup de după expunerea motivelor participării la tabără. După ce ne-am sfătuit o vreme, Linda a bătut iar clopotul și Onix a venit din cortul ei, sau de pe unde-o fi fost, și s-a așezat lângă Tigru. Părea că între ei doi se legase ceva, ceea ce s-a și confirmat mai târziu.

- Nu crezi că ar trebui să încetinești ritmul la muncă? a întrebat-o Tigru.

- Muncesc mult! zise ea, punându-și palma pe frunte, ca și cum s-ar fi văitat.

- Ce-ai zice să renunți la locul de muncă pentru un an de zile și să faci ceva cu totul nou? O schimbare nebunească, zise el.

Onix zâmbi, dar nu spuse nimic.

- Nu pentru asta ai venit? continuă Tigru.

- Mă simțeam singură și da, voiam să fac ceva nou, să schimb mediul meu. Am nevoie de natură, dar să fac o asemenea schimbare...

- Păi o faci deja. Venind în tabără, ai deschis ușa către o nouă lume.

Onix îi zâmbi lung, privindu-l în ochi.

M-am trezit și eu vorbind:

- Tigru are dreptate! Tu nu ai venit să înveți să trăiești, cum spuneai dimineață, ci să reînveți să o faci. Ai știut, dar s-a pierdut cumva, undeva, cândva. Adu-ți aminte de acei ani, i-am spus eu, când știai să trăiești!

Onix a închis ochii, plecându-și capul spre mine în semn de mulțumire, dar n-a răspuns.

Însă continuă Soare:

- Într-o boală, chiar dacă e doar imaginară, te-ai

întrebat vreodată care e învățătura, lecția? Ce are ea să te învețe, de ce a venit sau de ce o simți, chiar dacă nu există?

- Nu m-am gândit, dar... poate că... ar trebui să încerc să... zise rar Onix, notând ceva în caietul ei.

Am întrerupt-o.

- Pentru a-ți crește energia, mai întâi vezi pe ce o pierzi. Va trebui s-o fac și eu, legat de timpul care mi se pare insuficient, adică o spun și pentru mine. Iar teama de moarte cred că vine atunci când nu trăim din plin și ar putea fi o reacție a corpului, a minții, ca să ne scoată din acea stare.

- E adevărat! zise ea.

Licurici adăugă:

- Cred că te-ar ajuta să descoperi ce iubești să faci, ce pasiuni te fac fericită, lucruri mici pe care le-ai pierdut și ai putea să le recâștigi.

Onix a mulțumit printr-un gest fără glas și a notat din nou ceva pe hârtie.

- Trebuie să găsești din nou motivația de a trăi, cred eu, remarcă Licurici. Te-am auzit cântând dimineață la pârâu. Ai o voce remarcabilă!

- Serios? se miră Onix.

După o dimineață ploioasă, ziua s-a transformat în una caldă și luminoasă. Eram pregătiți de plecare către pădure, așteptând ca Linda să se decidă încotro să o luăm. Nu după mult timp de mers, ne-a făcut semn să ne oprim și să ne întoarcem către persoana de lângă noi, pregătindu-ne pentru jocul care urma.

Vă spuneam că Onix și Tigru aveau o legătură aparte. Mereu stăteau unul lângă celălalt. Acum se priveau în ochi zâmbind, în fața mea, în așteptarea indicațiilor. Dacă e să fi fost gândit pentru ziua lui Onix, cu siguranță că jocul ce urmează a creat o conexiune de netrecut cu vederea - ca să zic așa - între cei doi.

M-am întors și l-am găsit pe Ocean în spatele meu. Peste umărul lui, le-am văzut pe Soare și Licurici. Cea mai în față, pe cărare, Linda se afla chiar înaintea lui Frunză. Ceilalți, Mama, Robert, Alex, Aura, Daniel și Gabriel rămăseseră în tabără.

- Ne vom privi unul pe celălalt, câte doi, ca și cum ne-am uita în oglindă, spuse Linda. Ne vom ține de mâini și ne vom privi fără să vorbim. Așezați sau în picioare, cum alege fiecare. Și cât de mult vreți. Pe urmă, când vă veți fi săturat să vă priviți, prindeți încet câte o minge imaginară, plimbați-o în palme, iar celălalt vă va privi; dați-o dintr-o mână în alta, aruncați-o și prindeți-o din nou, mânuiți-o cu mișcări lente, respirând. Țineți-o cât de mult puteți, apoi oferiți-o celuilalt să se joace cu ea, primiți-o înapoi și tot așa. Acea minge imaginară reprezintă ce doriți voi. La final puteți împărtăși cu celălalt ce înseamnă mingea de energie. Începem.

I-am întins mâinile lui Ocean. Fiind mai mic de statură decât mine, a făcut un pas pe marginea potecii, pe o moviliță, ajungând la același nivel, ochi în ochi cu mine. Și ne-am privit îndelung.

Nu mai țineam minte tot ce ne-a spus el în prima seară, dar știam că alcoolul îi făcea necazuri. Privindu-l în ochi, mi-am amintit de țigări. Dar în câteva clipe am uitat iar de ele, pierdut fiind în vinișoarele și culorile ochilor umezi și calzi ai acestui străin până mai ieri, căruia îi țineam mâinile în mâinile mele - cei mai triști ochi pe care i-am văzut vreodată. Era cu câțiva ani mai în vârstă decât mine, iar barba și mustața lui începuseră să albească. Avea un început de chelie și riduri la ochi, dar zâmbea și îmi transmitea o senzație de bine, de bunătate. Îl priveam când într-un ochi, când în celălalt, iar el făcea la fel. Mă gândeam la mine, la ce vede el, la faptul că acest joc, aparent copilăresc, construiește încredere. După câteva minute, l-am lăsat de mâini și m-am pierdut în micuța noastră lume creată acolo, pe loc, fără să-mi pese de ce făceau ceilalți. Mă conectasem cu acest om. Am deschis palmele și între ele țineam o mică minge de energie. Am ridicat-o, mutându-mi privirea înapoi în ochii lui Ocean. Am aruncat-o în sus și am prins-o, ducând mâinile la nivelul pieptului. Am mutat-o dintr-o mână în alta și în final, ținând-o cu atenție, i-am întins-o lui. S-a jucat și el cu ea, după care mi-a dat-o înapoi, iar eu am închis palmele și le-am lipit, astfel că mingea a dispărut. Dacă ne-ar fi văzut cineva, ar fi crezut că suntem duși cu pluta, că ne-a lovit nebunia pe toți, dar jocul nostru drăguț ne-a bucurat.

- E prietenia, i-am spus, iar el a zâmbit larg.

După o pauză destul de lungă, clopotul ne-a adunat lângă bucătărie. Unii veneau din pădure, alții din rulote sau din șură, iar alții din corturi. Pe cer treceau nori negri și amenințători, dar ploaia nu se hotăra să cadă. Fetele s-au apucat de gătit, cu ajutor și indicații de la Frunză, iar noi, ceilalți, am plecat din nou după lemne. Când ne-am întors cu lemnele, am auzit-o pe Soare spunându-i lui Frunză că îi e greu fără telefon, dar mai ales fără internet. Şi Linda cu Licurici povesteau ceva, din care am prins, tot din mers, *limităm carbohidraţii*. Mă gândeam la ce o fi acasă. Gabriel nu a venit să care lemne, dar am pus-o pe seama faptului că era cel mai în vârstă dintre noi. Cu o zi înainte, auzisem muzica din rulota lui când am trecut prin dreptul ei. L-am recunoscut uşor pe Frank Sinatra, acompaniat de trompete. Mai târziu, am aflat că picta în fiecare zi.

Am terminat cu munca, şi cu siguranţă că, oricâte lemne am fi adus, pentru consumul din vatra de afară şi şemineul din şură tot nu ar fi ajuns pentru mult timp. Dar pădurea e plină de uscături care nu se termină.

Aşa, muncind, ne-am câştigat delicioasa masă de seară. Robert, plin de sfaturi, ne-a învăţat tehnici de supravieţuire şi construcţii. Am aflat cum să adunăm apă într-un tricou plimbat peste iarba udă de rouă. Desigur, şansele să fiu nevoit vreodată să adun apă astfel sunt mici, dar nu se ştie niciodată.

Se lăsa de seară, iar eu m-am aşezat lângă foc şi lângă Radar, care dormea liniştit. Linda a bătut clopotul, iar Robert a pus câteva lemne sub ceaunul cu ceai de fructe de pădure şi, mestecând în el cu polonicul, s-a aşezat lângă mine.

- În prima seară ai spus că scrii, zise el.

- Da, am scris câteva cărţi, i-am răspuns.

- Şi cum faci să termini o carte? întrebă el. Am încercat şi eu, dar după câteva pagini m-am blocat.

- Sunt mai multe tehnici de scris, i-am spus. Nu există o reţetă generală, dar poţi încerca să-ţi faci un program. În fiecare zi să scrii măcar 500 de cuvinte sau să stai două ore la birou, pentru că, şi dacă nu ai inspirație, poți corecta textul deja scris.

S-a așezat și Mama lângă mine, și de dincolo de foc au venit îndată Licurici, Aura și Alex, apoi pe rând și ceilalți; doar Onix și Tigru lipseau.
- Să-i mai așteptăm, zise Mama, zâmbind și ridicând din sprâncene ștrengărește, mai ales că vorbim despre Onix în seara asta.

Dar s-au făcut așteptați vreo zece minute, iar când au ajuns de undeva din pădure, cu toții îl priveam pe Gabriel ca pe un diriginte de clasă care ar fi trebuit să-i certe. Poate că eram și puțin geloși.
- Porumbeilor! îi admonestă el în glumă.
Atât? m-am întrebat. *Păi și regulile taberei...*
- Îmi pare rău că am întârziat, se apără Onix. Dar am luat o decizie!

S-au așezat, apoi Onix continuă:
- Tigru trebuie să vorbească liber, iar în prezența mea nu cred că va putea. Mâine, dacă îmi permiteți, voi lipsi de la discuții.
- Cred că ai dreptate. E, totuși, decizia ta și dacă asta simți, asta să faci, comentă Gabriel.
- Da, pot să mă plimb, să citesc în șură...
- În regulă. E de înțeles. Haideți să începem, să rămânem în prezent.

Ne cercetă cu privirea, dar nimeni nu scotea vreun cuvânt. Era ziua lui Onix și aveam încă de vorbit.
- Orice ai face, orice ai avea, dacă înăuntrul tău nu ai pace, nimic nu contează, nimic nu e suficient, începu Gabriel. Cred că de aici ar trebui pornit. Și ar fi o grămadă de soluții, dar cea a lui Tigru mi s-a părut bună, despre pauza de un an de zile. Și dacă vă plăceți,

ce să mai... aş spune că e vorba de un caz închis înainte de vreme, dar haideți să-l ducem la final. Cine mai doreşte să spună ceva?

Onix tăcu şi se făcu roşie la față.

Linda ridică mâna şi spuse:

- Onix, m-am gândit mult la tine după cele discutate dimineață. Sfatul meu e: Ascultă chemarea ta interioară! Va trebui să combați gândurile negative, dar nu prin luptă, ci prin eliberare. Prin a-ți da voie să faci ceea ce iubeşti, ce vrea inima ta! Atât am avut de spus, mulțumesc!

- Mulțumesc şi eu, Linda! spuse Onix.

Focul trosnea în mijlocul nostru, iar Aura ne-a mai turnat câte o cană plină cu ceai cald şi aromat.

Alex părea că trăsese o concluzie. Lovea cu pixul în caietul lui într-un ritm calm şi constant, ca un doctor care se pregătea să dea un diagnostic serios. Îi lipseau doar un stetoscop la gât şi un hol lung plin de saloane cu bolnavi.

- Cum spunea şi Gabriel, ai nevoie de odihnă şi de o schimbare radicală, zise el. E dificil, desigur, să accepți ceea ce eşti şi să-ți arăți vulnerabilitățile, dar şi ascunderea lor e un efort, un consum prea mare de energie. Cred că tu suferi, de fapt, de oboseală cronică. Trăieşti în frică, ai pierdut controlul, nu te odihneşti, sistemul tău nervos e obosit. Aşa apar atacurile de panică.

Onix a vrut să spună ceva, dar cuvintele i s-au transformat în lacrimi. Tigru a îmbrățişat-o pe neaşteptate, iar ea s-a oprit brusc din plâns şi s-a lăsat cuprinsă de brațele lui. După ce şi-a scos capul de acolo, ne-a spus:

- Nu mi-e frică să fiu eu în fața voastră!

- Cu toții căutăm oameni alături de care să vorbim liber, zise Aura. Căutăm să ne simțim înțeleși.

- Sunt lacrimi de bucurie, să știți! ne spuse Onix după ce se liniști. Mă bucur că sunt aici. Nici nu știți cât de mult mă bucur că am venit. Nu vreau să mă gândesc că aș fi ratat tabăra, că aș fi ales să nu vin, zise ea.

Aura i-a promis că îi va scrie o listă de plante și ceaiuri folositoare. Daniel i-a recomandat cărți pe care ar trebui să le citească, iar Mama, în final, a luat-o în rulota ei, unde au stat până după ce noi, ceilalți, ne-am apucat de cântat.

N-am văzut când a plecat Alex, pentru că eram atent la poveștile din grup, dar l-am văzut la un moment dat ieșind dintr-o rulotă cu o chitară în mână. Și am cântat cu toții, iar Mama a venit și ea în pași de dans, cu Onix de mână.

Onix ne-a mulțumit tuturor și a murmurat apoi ca pentru sine, în timp ce focul îi lumina zâmbetul și Alex ciupea corzile chitarei:

- Simt cum viața mea se schimbă!

Mai târziu, ne-am adunat în șură pentru meditația de seară, condusă mereu de Gabriel, unde chiar am reușit să pătrund cu gândul în adâncurile minții mele, condus de ticăitul nelipsit al ceasului. Aura a stins lumânările din sfeșnice, dar a lăsat una singură să mai ardă pe măsuța de lângă fotoliul lui Gabriel. Am închis ochii, m-am așezat comod, cu picioarele depărtate și mi-am așezat palmele pe genunchi. Îmi simțeam clar mușchii picioarelor. Ce senzație plăcută să-i știu pe ceilalți lângă mine. Aveam să stau în acea poziție timp de o oră.

L-am auzit pe Gabriel suflând în lumânarea de lângă el și reașezându-se în fotoliul lui atunci când a înțeles că eram pregătiți. Și-a acoperit din nou picioarele cu pătura, cum îi place lui, apoi a lansat în spațiul dintre noi o întrebare al cărei ecou a rămas, alături de ticăitul ceasului cu pendul. După o vreme, n-am mai auzit ticăitul, ci doar întrebarea: *Ce îmi cere acest moment?*

Mă concentram cu greu, pentru că gândurile îmi fugiseră la zilele iernii ce tocmai trecuse. Să vă povestesc!

Era miezul anotimpului rece, cu zăpadă care-mi trecea mai sus de cizme. Părea că ninge peste tot în lume, astfel că treburile de pe afară le-am redus, forțat de împrejurări, la strictul necesar. În unele zile se oprea curentul electric, și atunci, când se lăsa deja noaptea peste albul nesfârșit, aprindeam câteva lumânări și citeam la masă. Aventurile lui Sherlock Holmes de Arthur Conan Doyle era preferata mea. Auzeam sunetul lumânărilor arzând, câte un scurt scârțâit de scaun și cântecul focului din sobă. Luam și pauze de la citit și ieșeam pe târnaț, în beznă, cum probabil ieșea și vechiul proprietar al casei în vremuri apuse, fără curent electric, fără telefon și fără drum sau *motor*. Încercam să zăresc vreo lumină din vale, printre fulgii de nea care coborau tăcut pe pământ ca niște mici fantome, și se așezau peste plapuma albă ce acoperea lumea. Câinii lătrau din când în când, scurt, ca și cum ar fi dat ora exactă, de pe undeva de prin fânul din șură sau de sub târnaț. Coboram la bucătărie și îmi făceam ceaiuri, pe care le beam tot pe târnaț, îmbrăcat de iarnă și privind prin noapte înapoi cu zeci de ani. Reveneam în cameră și citeam, până când venea vremea să suflu în lumânări. Oprindu-mă asupra cărții, mă gândeam la Baker Street și la cum o fi fost Londra vremurilor trecute. Și unde-o fi Bulevardul Serpentine în St. John's Wood? Nu știam ce dată era și nici ce oră, dar nici nu conta. Suflam în lumânări și rămâneam în lumina focului, privindu-i flăcările prin ușa de sticlă a sobei. Putea fi marți, cum la fel de bine putea fi miercuri sau vineri. În zilele cu soare mă îmbrăcam bine și mâncam în tihnă pe terasa casei, chiar și iarna, privind muntele de peste vale și amintindu-mi de cozile la falafel sau mâncare chinezească din Camberwell Green, unde mergeam la amiază să-mi cumpăr prânzul.

Erau reci nopțile în Apuseni, iar focul din sobă nu-mi încălzea prea mult sufletul singuratic. Prietena mea de atunci a stat puțin aici. Nu ne înțelegeam. Trăisem împreună o relație scurtă, dar întinsă ca un elastic gata să crape în orice moment. Astfel, singur, fumam prea mult și prea demult, în prostie. Țigări, nu altceva. Goleam prea des scrumierele și nu mă oboseam să le mai spăl. În vremea rece munceam cât ținea lumina, iar întunericul de afară mă oprea cu forță. Aveam multe de făcut în fiecare zi, treburile de pe lângă casă îmi umpleau orele și mai cereau și altele. Oricum, ceasul nu ticăie în favoarea nimănui, ci din contră, fură timpul oricui, ceea ce nu observasem la oraș. La munte, lumina nu se stinge pur și simplu în spatele unor clădiri, ci soarele însuși alunecă răbdător în spatele muntelui de peste vale, scăldând cerul într-o lumină trandafirie, care nu poate fi ignorată.

Cărțile mi-au ținut companie seară de seară, chiar dacă mai veneau de multe ori și prieteni. Mă spălam încă în lighean, pentru că baia aveam să o construiesc în vară, peste câteva săptămâni, după tabără.

Întrebarea lui Gabriel mi-a revenit în minte brusc, când gongul ceasului a bătut atât de tare încât parcă l-am simțit în stomac: *Ce îmi cere acest moment?*

TIGRU

Ziua 3

AM VISAT ACCIDENTUL despre care ne povestise Onix și m-am trezit brusc, înainte să aud clopotul care anunța începutul unei zile cu cer senin. Alex, omul de serviciu pe tabără, ne-a adunat pentru meditație în șură, în timp ce Tigru își pregătea ideile pentru întâlnirea din jurul focului. Gabriel, pe jumătate ascuns sub pătura lui albastră în timpul meditațiilor, ne ghidase din nou, lansând în spațiul nostru magic o altă întrebare: *Care sunt sursele mele de sănătate?*

Îmi țineam palmele pe picioare, spatele drept, ochii închiși, și, din nou, doar ticăitul ceasului se auzea în încăpere. Mai întâi mi-am relaxat degetele picioarelor și tălpile, apoi gambele, genunchii și astfel, cu răbdare, întregul corp. Mi-am pus atenția pe bătăile inimii și am revenit cu gândul, de mai multe ori, la întrebarea lui Gabriel. Mă gândeam la hrană, la ce mănânc și de ce. Natura mi-a trecut și ea prin minte, fiind peste tot în jurul meu. Aerul la fel. Apa, pacea, iubirea, somnul... toate acestea pluteau prin mintea mea, până când

Gabriel ne-a trezit:
- Meditația s-a încheiat. Ne retragem în tăcere.

Ne aflam din nou în jurul focului, afară. Doar Onix a rămas în cortul ei sau a plecat să se plimbe.

Alex, îmbrăcat în haine largi și vesele, își plimba degetele prin barbă, șezând picior peste picior, în timp ce Tigru, personajul zilei, într-un trening negru, care-i scotea în evidență alura sportivă, ne vorbea:
- Nu stiu cu ce să încep, dar o să vă spun ce-mi trece prin minte. Mai întâi vă mulțumesc pentru că m-ați primit! Voiam să vă spun că nu sunt mulțumit de viața mea în general, că sunt nefericit și stresat. Singura mea cale de menținere pe linia de plutire este sportul. Îl practic zi de zi. Și s-a schimbat ceva, dar nu știu dacă e bine să spun: am cunoscut-o pe Onix și o plac tare mult, cred că v-ați dat seama și voi. Sigur, numai ce ne-am cunoscut și nu vreau să mă grăbesc, dar faptul că mă gândesc acum la ea îmi lasă neliniștea undeva în urmă. Abia dacă mai reușeam să găsesc motive pentru a trăi, pentru că ceea ce fac zi de zi nu mă împlinește. Modul meu de viață și oamenii din jur nu mai sunt motive pentru a fi fericit. Dar simt că situația se schimbă.

Tigru s-a oprit, iar noi ne uitam țintă la el. Își căuta cuvinte, gânduri... dar și-a reluat vorba.
- Mă gândesc prea mult la ce cred alții despre mine. Atunci mă învinovățesc de tot felul de lucruri. Cred că sunt cel mai mare critic al meu și mi se pare că nu sunt suficient. Am căutat pe internet despre cum să-mi schimb viața, dar nu am reușit să aplic nimic din ce am aflat. Am venit să învăț să mă accept așa cum sunt sau să învăț să schimb ceva. Munca, probabil, pentru alții e

pasiune, dar pentru mine e doar un loc de făcut bani. Sunt multe aspecte din viața mea unde e nevoie de schimbare.

- Dacă ai cunoscut-o pe Onix nu înseamnă neapărat că motivele pentru care ai venit au dispărut, zise Gabriel după o lungă pauză. Poate fi o senzație de moment, continuă el, așa că eu zic să le discutăm, dacă tot ai venit. Iar dacă Onix te place și ea, s-ar putea schimba multe și v-ar ajuta pe amândoi. Dar să nu ne grăbim cu astfel de concluzii. Până una alta, cauți rezolvări din exterior pentru că nu ai găsit cauza problemelor tale, care se află în mintea ta, la un gând distanță.

Tigru nu spuse nimic. Gabriel ne căuta cu privirea, iar eu mi-am mutat atenția către foc de teamă să nu ne întâlnim ochii. Nu știam ce să spun, și în mod clar nu voiam să fiu primul care punea o întrebare, dar Alex sparse gheața, iar eu mi-am ridicat din nou privirea către ei.

- De ce ai ales munca de IT-st? întrebă el, continuând ce a început Gabriel.

- În primul rând, e plătită cu bani buni, răspunse Tigru, trecându-și mâna prin părul blond.

- Să înțeleg că banii sunt importanți pentru tine. În copilărie ai fost sărac? continuă Alex.

- Am avut destule lipsuri. Părinții mei nu au știut, sau nu au putut, drămui banii. Erau plini de datorii.

- Ce ți-ai fi dorit să lucrezi în afară de IT? reveni Linda.

- Mi-ar fi plăcut să fac ceva legat de sport. Mi-a plăcut dintotdeauna să fac sport!

- Activitatea fizică, sportul adică, și meditația fac

minuni pentru eliminarea stresului! Părinții tăi cu ce se ocupă? a mai întrebat ea.

- Au fost profesori amândoi.
- Ce au predat? continuă Linda.
- Mama geografie, iar tata sport...

Când Tigru zise *sport*, o pasăre uriașă pe care nu o văzusem până atunci, ne furâ atenția luându-și zborul de pe acoperișul șurii, alunecând peste rulote și apoi, după câteva bătăi din aripi, dispărând printre copaci. Linda zâmbi, ca și cum ar fi avut un mic secret, privind lung în urma păsării. N-am spus nimic, dar m-am gândit la păsările ținute în colivii. *Cum pot oamenii să facă asta?*

- Îl priveam pe tata, pe terenul de sport, între elevi și îmi doream să fiu ca el. Avem nenumărate amintiri împreună, în timp ce mă încuraja să alerg mai mult, să sar mai sus, să mă cațăr, să fiu mai bun, și îmi plăcea la nebunie. Am fost mereu micul lui campion!

- Ce s-a schimbat? interveni Soare.
- Eu m-am schimbat. Am vrut ca din micul campion să devin marele campion. Și poate că am devenit marele campion, dar cu ce folos?
- De ce spui asta? întrebă Soare.
- Pentru că am foarte puțini prieteni. Nu am loc pentru ei.
- Sau nu vrei să faci loc pentru ei? interveni Daniel.
- Cred că... da, răspunse Tigru nehotărât.
- Te compari cu cineva? întrebă Mama.
- De mic am convingerea că alții au mai mult noroc. Știu că e inevitabil să facem comparații. Am făcut și vom face. Dar mie comparațiile îmi fac rău.
- Răspundem trecutului prin acțiuni din prezent, o

treabă sănătoasă până la un punct, după care devine distructivă, zise ea.

Și dialogul a curs în continuare, până când Mama a pus ultima întrebare:

- Poți vorbi despre tine ca și cum ai vorbi despre altcineva? Să spui - *Este o persoană plăcută, sinceră, dar are ghinion. Crede că alții au mai mult noroc...*

- Probabil că da.

- După micul dejun, te rog, scrie o mică descriere despre omul din oglinda ta, ca să înțelegem ce îl face fericit, cum ar vrea să trăiască și ce vrea să lase în urma lui, încheie Mama.

După micul dejun, discuțiile despre Tigru - fără el de față - s-au lungit mai mult decât cele din zilele trecute despre Frunză și Onix. Am și divagat pe alocuri, dar în final ne-am înțeles ce să-i spunem. Am înțeles că nu e nevoie să dai prea multe sfaturi, decât atunci când ele sunt cerute. Oricum, multe dintre ele le spunem mai mult pentru noi înșine. Am umplut pagini cu notițe în aceste zile, ca să le recitesc și să le gândesc după ce tabăra avea să se încheie. Dar încă ne aflam în miezul ei.

A venit și Tigru și s-a așezat, primind o cană cu ceai de la Aura, care avea grijă să ne hidrateze cu leacuri numai de ea știute.

- Ai descrierea? îl întrebă Mama.

- Da, o am!

- Nu trebuie să ne-o citești. E pentru tine. Recitește-o de câte ori va fi nevoie, îi explică ea.

- Ok, șopti Tigru.

Licurici deschise a doua rundă de întrebări:
- Nu cumva cauți să dovedești altora ceva? M-am gândit de dimineață: în loc să fii tu însuți, cauți să dovedești ceea ce nu e nevoie să dovedești, poate ție sau părinților tăi. Cred că ți-ar prinde bine să te gândești dacă ești sau nu mândru de tine, și dacă ai nevoie de acest fel de confirmare din exterior.

Robert a pus un lemn pe foc. Chiar dacă nu era *de serviciu*, se ocupa cu plăcere, zi de zi, de acest lucru, așa cum Aura se îngrijea mereu să primim ceai cald.

- Mi-a plăcut ce ți-a spus Mama să faci, i-am spus eu, privind cum începea să ardă lemnul. Să te gândești la tine ca și cum ai fi o altă persoană, la ce ai spune despre ea. O cunoști și știi ce face. Ce sfaturi i-ai da... Răspunsurile se află în tine.

- E o temă bună pentru... interveni Gabriel, întrerupt de sunetul unui motor.

Se apropia o motocicletă. Radar a lătrat puternic, de trei ori, și a țâșnit către pădure, iar Robert a sărit în picioare pornind înspre locul de unde venea zgomotul. Gabriel s-a dus și el. Motorul s-a oprit în spatele șurii. De acolo, însoțiți de Denis, pădurarul, Robert și Gabriel s-au întors, după scurt timp, cu niște sacoșe către bucătărie. Denis ne-a făcut cu mâna. I-am răspuns bucuros. M-a recunoscut, dar imediat s-a întors în spatele șurii, a pornit din nou motorul și sunetul lui s-a îndepărtat către sat. Ne-am reîntors la ale noastre.

- A venit pădurarul cu brânză și ouă, zise Robert, așezându-se lângă foc.

- Să continuăm, zise Gabriel, cuibărindu-se în scaunul lui.

Frunză luă cuvântul:

– Referitor la anxietate, simt că tuturor ne-ar prinde bine să facem voluntariat. Ajutând pe alții ne vom implica într-o nouă activitate și într-un nou cerc de oameni, ceea ce probabil că munca de acum nu ne oferă nici unuia. Iar tu, muncind în spatele unui monitor, chiar poți să te simți izolat și poate să-ți fie greu să socializezi cu adevărat. O pățesc și eu. Nu trebuie să te amesteci în cercuri largi de oameni, dar ai putea încerca să te integrezi în grupuri mici. E un sfat pentru tine, dar mi-o spun și mie. Cred că aș fi mai entuziasmat de viață.

– Ești pe calea cea bună, Frunză! Viața te trezește, chiar, sau mai ales, dacă te doare. Se pare că ți-a folosit venirea, îi confirmă Mama, apoi îl privi pe Tigru. Frunză are dreptate, nu pari să ai mulți prieteni și nu petreci destul timp cu cei pe care-i ai, pentru că nu ești tu în ceea ce faci zi de zi. Ți-ai pierdut identitatea.

Apoi îl privi din nou pe Frunză și continuă.

– Fiecare dintre noi suntem salvatorii celorlalți și cu toții avem nevoie uneori de un salvator!

– Ce vrei să spui? întrebă el.

– Vreau să spun că toți avem nevoie de tine, Frunză! Și că ne-ai făcut și nouă un bine venind. Acum trăim o poveste, dar într-o zi ne-o vom aminti și o vom înțelege din altă lumină.

Frunză a zâmbit, vădit atins de comentariul Mamei, așa cum, probabil, toți simțeam în momentul acela. Soare a vrut să vorbească, dar s-a poticnit un pic. O așteptam cu toții răbdători, iar ea și-a făcut curaj să înceapă din nou, emoționată. La primele cuvinte, glasul îi era tremurat:

– Cel mai bun lucru pe care îl putem face pe lume, cred eu, înainte de orice altceva, este să ne iubim pe noi înșine!

- Minunat! exclamă Mama, iar Soare prinse încredere și zâmbi.

- Va trebui să putem spune *Așa sunt eu și sunt așa cum sunt!* explică ea și își puse palmele împreună ca pentru rugăciune.

Mă uitam în jur și-mi dădeam seama că discuțiile de grup ne făceau bine, iar zilele treceau frumos și în mod util. Ne purtam de parcă ne-am fi cunoscut de-o viață.

Am schimbat multe gânduri, sfaturi și idei în discuția de la foc, dar nu mi le mai amintesc pe toate. Știu doar că Ocean a încheiat astfel, privindu-l pe Tigru:

- Oare ne concentrăm prea mult la ce se întâmplă în exteriorul nostru și prea puțin la noi? Poate că nu întotdeauna e ceva greșit în exterior, dar cred că, de multe ori, abordarea lucrurilor e greșită. Așa ne afundăm în mocirlă, cel puțin noi doi...

Tigru nu răspunse, dar îl privi gânditor pe Ocean, încercând, parcă, să înțeleagă ce i se spunea.

Alex s-a ridicat, semn că întâlnirea din jurul focului s-a încheiat. Ne-am împrăștiat printre rulote, chiar dacă focul încă mai ardea.

Aveam mesaje pe telefon și am răspuns câtorva dintre ele, dar, fiind hotărât să respect regulile taberei, nu le-am acordat prea mare atenție. Cele mai importante pentru mine erau cele de la voluntari, pentru că voiam să știu ce se întâmpla acasă. În rest, cu ceilalți puteam să vorbesc peste câteva zile.

Daniel și Linda au intrat împreună în aceeași rulotă. *Un cuplu tare drăguț!* – mi-am zis. Pe treptele altei

rulote am zărit-o pe Aura și, pentru că am întrebat-o despre căsuța ei pe roți, m-a invitat înăuntru.
- Vino să vezi, mi-a spus ea.
După ce am urcat cele două trepte, aplecându-mă puțin, am pășit parcă într-o altă lume. Nu știu ce vrăjitoare ar putea avea un depozit mai colorat și mai plin de crengi uscate, de fumigene, de borcane cu plante și semințe pe toate rafturile. Pe o măsuță ținea un mojar mare din cupru, boluri și ustensile.
- Mă ocup cu plantele, declară ea cu mândrie și apoi încercă să-mi explice despre ele, dar multe din vorbele ei îmi treceau pe lângă urechi.
E nevoie de ani de zile de studiu ca să înțelegi ce înțelege ea când privește o frunză. Mi-a spus despre beneficiile ceaiurilor și mi-a promis că îmi va pregăti plante care mă vor ajuta odată întors acasă.

Mai târziu, Alex ne-a surprins cu un joc antrenant.
- Pentru că e frumos afară, azi vom cânta! Vom cânta pentru Tigru, ne anunță el. Avem în dulapul din șură o grămadă de instrumente muzicale. Alegeți-vă câte unul.
Frunză, grăbindu-se să ajungă primul, în hainele lui largi, repezindu-se, fură o muzicuță, strângând-o la piept cu o figură vicleană. Licurici, care părea nedormită, și-a ales o tobă. Alex și-a adus chitara din rulotă. Ocean și-a întors capul și a pipăit pe un raft până când a ridicat un fluier. Soare, veselă, a găsit niște zdrăngănele și le-a împărțit cu Onix, care venise și ea, cu părul prins la spate într-o coadă împletită. Soare căpătase culoare în obraji și încredere în ea, față de ziua sosirii, când arăta de-a dreptul palidă și sleită de puteri. Tigru și-a ales o trompetă. Eu am luat o tobă, ca și

Licurici, iar Mama și restul trupei, alte instrumente pe care mi-e greu să le numesc. Ne-am găsit un ritm comun și am reușit să cântăm primul nostru cântec, format din sunete ciudate, un cântec al bucuriei de a ne afla împreună.

Am cântat și cu vocea, am cântat și fals, și bine; cert e că ne-am consumat energia și ne-am distrat, uneori râzând de sunetele diverse și ciudate, într-o experiență de grup tare plăcută.

În final, Tigru era roșu în obraji ca sfecla.

- Nu bănuiam cât de mult îmi place asta! O să-mi cumpăr un saxofon, zise el, în timp ce-și puse trompeta în brațe, ca pe un bebeluș.

Am adus din nou lemne, așezându-le în grămezi în spatele șurii, mult după ce fetele l-au pus pe Frunză să frământe aluat. Înainte să ajute la gătit, rupt de foame, se agita ca un pui de arici. Umbla de ici-colo și nu știai ce să faci cu el. Până la urmă, au făcut o grămadă de pâine pentru zilele următoare și o ciorbă delicioasă de fasole boabe, care ne-a umflat burțile. La desert am primit plăcinte cu varză și brânză.

Când norii și câțiva stropi de ploaie ne-au adunat în șură, unde am mai cântat și, înainte de culcare, am meditat împreună la întrebarea de mai devreme, *Ce ai spune despre persoana din oglindă și ce sfaturi i-ai da?*

Dar până acolo, să vă spun despre sfaturile pentru Tigru și pentru noi ceilalți:

- Jobul tău e o lume în sine, a început Linda. Poți avea bani, dar relații superficiale. Poți să faci IT, dar în realitate să ai puține conexiuni, să duci lipsă de viață socială. Poți cheltui mulți bani, poți merge la diverse training-uri, poți încerca să faci chestii trendy, ce face lumea, ca să compensezi. Poți să mănânci sănătos, să faci mult sport, pentru că îți dă serotonină și dopamină, adică o senzație pozitivă. E ca un drog. Dar dacă munca te stresează și nu-ți place ce faci zi de zi, te vei învârti în cerc. Vei rămâne blocat.

- Te înțeleg, dar eu sunt bărbat și trebuie să fiu puternic. La faza asta m-am blocat, cred, zise el.

- Cum adică? întrebă Linda.

- Trebuie să mă descurc, să fiu puternic - asta mi s-a spus de mic. Iar acum, mă lupt în mintea mea să fiu deschis cu voi, pentru că un drăcușor îmi șoptește că sinceritatea e o trăsătură feminină.

- Apreciem efortul tău, Tigru! Adevărata luptă o duci cu tine însuți, îi zise Daniel.

- Ai putea să rămâi pe IT part-time și în restul timpului să te focusezi pe fitness, îi propuse Robert. Ai putea înființa o sală de sport sau să lucrezi într-una, chiar dacă banii ar fi mult mai puțini. Astfel vei fi plătit să faci ceva ce-ți place.

Linda, frecându-și palmele gânditoare, spuse și ea:

- Bărbații sunt mai predispuși la stres, care însă e un indicator al depresiei. Nu ești irascibil uneori?

- Mi se mai întâmplă, admise Tigru.

- Poate pentru că te gândești la aspectele negative ale vieții tale, zise ea.

- Ți-ar fi plăcut să faci ceva în domeniul sportului, dar ai văzut sportivi săraci, nu-i așa? l-a întrebat Gabriel.

Tigru a confirmat, iar Gabriel a continuat.

- Pentru că ți-a insuflat dorința tatăl tău, dar nu e neapărat sensul tău de a trăi. Nu te opri din căutare, zise el. Poate e sportul, sau poate nu. Acum energia ți-o folosești pentru a fugi de depresie, dar poți să o folosești în favoarea ta, căutând ceea ce ești tu cu adevărat. Și, nu în ultimul rând, vorbește despre grijile tale cu oamenii dragi, așa cum vorbești cu noi. Ei poate că habar nu au prin ce treci tu. Nu fă greșeala să le aduni pe toate singur, zise Gabriel, aplecându-se să-l mângâie pe Radar. Iar sfaturile pe care le-ai primit acum nu sunt doar pentru tine, ci și pentru noi înșine.

LICURICI

Ziua 4

MEDITAȚIA DE DIMINEAȚĂ s-a încheiat. Întrebarea a fost una foarte interesantă: *Ce să fac chiar acum ca să am o viață mai bună?* Vă puteți gândi și voi la asta, iar răspunsurile vor veni de la sine.

Ziua abia începuse. Ne aflam în șură, iar Licurici se pregătea să ne spună despre moartea soțului ei. Cerul se întunecase și stătea să plouă. În jurul nostru ardeau lumânări.
- S-a petrecut cu doi ani în urmă, zise ea cu tristețe.
Licurici este medic dentist, pe lângă meseria de mamă, zice ea. A renunțat la pasiuni și acum își dedică toată energia fiului și locului de muncă, dar e stresată, depresivă și nu reușește să doarmă.
Licurici trase o gură mare de aer în piept.
- Haideți să vă spun la ce m-am gândit aseară. Mereu încerc să-mi ocup mintea, zise ea. Atunci când nu facem teme sau nu mă joc cu fiul meu, mereu bâzâie ceva în jur. Pun muzică, aprind televizorul, mă joc pe

telefon, sun pe cineva - caut gălăgia. Am probleme cu somnul, nu dorm, iar când dorm, adesea visez urât. Singurul motiv pentru care trăiesc este copilul meu. Culmea e că aici dorm perfect. Acasă e groaznic. Mă agăț de gândul că într-o zi totul va fi cum îmi doresc, dar îmi e teamă că ea va veni prea târziu. Nu știu cum voi trece peste, dar am venit și iată, mă deschid în fața voastră. Multe aspecte din viața mea sunt bune, dar o parte din mine plânge după fericire.

Licurici s-a oprit, s-a gândit și a ridicat din umeri.

- Gandindu-te des la ceea ce e rău în viața ta, răul acela crește, se întărește! zise Robert. De exemplu, dacă te gândești că ești bolnavă, chiar dacă ai norocul să nu te îmbolnăvești fizic, în mintea ta vei trăi asemenea unui bolnav, pentru că trăiești ceea ce simți. Ești deschisă către iubire? Iubire pentru tine în primul rând, încheie el și așteptă.

Licurici confirmă.

- De la unu la zece, care crezi că e nivelul stresului tău, raportat la cât crezi că poți duce? Unu e nimica toată, iar la zece ești copleșită, zise Onix.

- Opt!

Licurici răspunse apăsat și cu fermitate. Dar se răzgândi:

- Nouă!

- Ce auzi când e liniște? o întrebă Ocean.

- Nu prea stau în liniște! Cred că îmi aud gândurile și nu-mi plac. Nu prea mai știu cine sunt, dar mi-au plăcut aseară vorbele lui Gabriel. Le-am notat.

- În prima seară ne-ai povestit că îți plăcea să călătorești pe munte. De ce te-ai oprit? a întrebat Linda.

- Ar trebui s-o fac din nou! se încurajă Licurici pe

sine însăși.

- Și de ce nu o faci? insistă Linda.
- Pentru că...

Licurici și-a strâns ochii, ca și cum cineva i-ar fi tras o palmă.

- Nu trebuie neapărat să răspunzi, îi spuse Linda cu blândețe.
- Nu vreau să mint, chiar nu știu de ce nu mai călătoresc. În weekend-uri eram tot timpul pe munte. Cred că m-am izolat de prietenii mei, chiar dacă mă simt singură. Voi mă înțelegeți, pentru că treceți sau ați trecut prin aceleași greutăți. Nu știu cum să mai interacționez cu prietenii mei și cum să fac să am din nou o viață normală, dar vreau să învăț să-mi reconstruiesc conexiuni adevărate.
- Te-ai izolat de prieteni după moartea soțului tău sau înainte? continuă Linda.
- După ce l-am cunoscut. Am avut o relație atât de plină și de frumoasă, încât nu mai era nevoie de nimeni. În ultimii ani, amândoi petreceam mult timp cu fiul nostru, când nu eram ocupați cu munca. După moartea lui, pur și simplu, am simțit nevoia să mă retrag și mai mult în muncă. În loc să evadez din propria-mi suferință, m-am închis într-o carapace.
- Ai fi avut cu cine vorbi după moartea soțului tău? întrebă Linda.
- Totul s-a petrecut pe neașteptate. A dispărut ca și cum n-ar fi fost niciodată. Nu mi-a venit să cred. Un accident stupid. Dacă ar fi fost bolnav, m-aș fi obișnuit cu gândul, dar atunci ar fi suferit și el. Nu am avut cu cine vorbi destul. Adică, simțeam că nimeni nu mă înțelege și nimeni nu mă poate ajuta. Dacă v-aș fi avut

atunci pe voi...

- Se pare că te-ai blocat acolo..., zise Aura.

- Nu cred că m-am blocat dar, pur şi simplu, am deraiat de la drum şi nu am mai putut reveni. Mă ocup de copilul meu, iar la muncă îmi fac meseria. Dar parcă nu mai ştiu să revin la o viaţă personală. Timpul meu liber se transformă în haos. Şi prefer să muncesc. Nu ştiu să mai fac altceva. Am noroc cu părinţii mei. Ei se ocupă de cel mic atunci când nu sunt acasă.

- Ce ai învăţat din nefericirea prin care ai trecut? a întrebat Soare.

După câteva secunde de gândire, Licurici explică:

- Credeam că el era stâlpul familiei, dar acum ştiu că şi eu sunt un stâlp suficient de puternic. Mă descurc singură, deşi nu mi-am dorit-o.

- E adevărat! zise Soare.

- Realizezi faptul că anii trec şi cu toţii vom muri? am întrebat-o eu.

- Absolut! Dar adesea vreau să ajung în altă parte. E un sentiment atât de greoi şi de ciudat, şi nu ştiu să vi-l explic. E vorba de o dorinţă de fugă nebună, chiar şi de gânduri, ca şi atunci când stai prea mult sub apă şi vrei să ieşi, iar un capac de gheaţă te opreşte şi te sufoci! Uneori mă întreb ce înseamnă, de fapt, să trăiesc, zise ea.

- Viaţa fiecăruia dintre noi e un drum şi ar fi mai uşor dacă l-am parcurge în ritmul ales de inimile noastre, îi oferi Mama un răspuns.

- Îţi trece tinereţea, iar tu stai, pur şi simplu, în zgomot, am continuat eu. Îţi ocupi mintea cu zgomot ca să nu-ţi mai auzi gândurile.

- E ilogic ce fac, dacă înţeleg ce spui. Ştiu că o

depresie nu se vindecă prin minuni sau rețete magice. Dar fiecare reacționează în felul său, se apără Licurici.

- Mie nu-mi ajunge timpul, așa că sunt într-o situație similară. Tu nu-l folosești, iar mie nu-mi ajunge.

După micul dejun, ne-am adunat din nou în jurul focului, iar Licurici a venit să ne asculte abia după ce am vorbit cu toții despre ea, punându-i la cale viitorul.

- Diagnosticul meu e că îți învelești existența în zgomot pentru că vrei siguranță, începu Daniel. Vrei să acoperi ceea ce nu poți accepta. Dar să știi că în inima ta stă rezolvarea. Acceptarea a ceea ce ți s-a întâmplat din inima ta va veni. Din inima ta! Va trebui să înfrunți gândurile de care fugi, să le trăiești și să le accepți. Așa cred eu.

Licurici asculta tăcută. Daniel continuă:

- Cunosc pe cineva care a ajuns dependentă de droguri. Și-a pierdut copilul și a ajuns într-un centru de recuperări, pentru că nu a vrut să accepte. Nu a putut. Tu mergi la mormântul soțului tău?

- Evit să merg!

- Ești credincioasă?

- Destul de credincioasă, dar nu merg la biserică.

- Cred că te-ar ajuta să duci ritualurile până la capăt, continuă el. Să dai de pomană, să mergi la cimitir, să-l jelești. E nevoie să închizi cercul. Trecutul e trecut...

- Cum să închid cercul? întrebă ea, cu sprâncenele ridicate.

- De exemplu, mergi la un magazin și cumperi tot ce i-ai cumpăra lui. Poți să gătești ce i-ai găti lui. Caută o familie săracă sau o mănăstire și dăruiește ce vei fi pregătit, ca și cum i-ai duce soțului tău. Sau fă o masă pentru prietenii voştri comuni şi întâlniţi-vă să vorbiţi despre el. Aceste lucruri par că te vor duce înapoi în momentele grele, dar consumarea lor e calea către închiderea cercului. Tu nu cred că l-ai lăsat să plece! Îl ţii prins între două lumi!

- Doamne sfinte! zise Licurici, cu faţa îngrozită.
- Dăruieşte pentru el, pentru eliberarea lui. Recunoaşte-o, spune-o, fă pomeni, roagă-te pentru eliberarea lui, concluzionă Daniel.

Mama a încheiat discuţia zicând:
- Licurici, vrei să facem o plimbare, doar noi două?

La amiază a ieşit soarele, iar pădurea a prins viaţă. S-a făcut cald şi lumina ne căuta printre frunze, iar Radar dormea lângă vatra focului, fără să-i pese de ceea ce se petrecea în jur. Pe măsură ce se împlinea săptămâna de tabără, noi, cei veniţi, eram tot mai bucuroşi de experienţa pe care o trăiam. Ne ajuta, ne conecta, ne împlinea şi, cu siguranţă, în interiorul tuturor aveau loc schimbări. În tabără, nimeni nu se grăbea, pentru că nu aveam unde pleca, nu sunau telefoanele, nu ne aştepta nimeni la vreo întâlnire şi nici vreun tren în gară nu stătea să plece fără noi.

- Vă invit acum la o baie de pădure, folosindu-ne toate simţurile, zise Aura. Vom umbla desculţi. Scoateţi-vă bocancii şi haideţi să simţim pădurea şi să călcăm pământul. O să vă placă!
- Ce frumos s-a făcut afară, remarcă Licurici.
- Frumuseţea nu se găseşte doar aici, ci e peste tot. Frumoasă eşti şi tu, îi spuse Mama şi apoi îşi deschise braţele, iar Licurici se dărui acelei îmbrăţişări ca şi cum asta şi-ar fi dorit cel mai mult.

Apoi Mama o luă de ambele mâini şi îi spuse privind-o în ochi:

- Încearcă să fii prezentă în fiecare moment, iar când gândul îţi va fugi în alte locuri şi vei conştientiza asta, adu-l înapoi. Reconectează-te şi ai încredere în simţurile tale! Poate că şi tu ai, ca noi toţi, ceea ce se numeşte *deficit de natură*. Ea te poate învăţa mai bine decât noi să te împaci cu liniştea.

Ne-am scăldat în mirosurile vii ale pădurii verzi şi în lumina soarelui, călcând atenţi pe poteci umbrite. Pădurea ne primea atât de firesc în lumea ei. Poate că ea ne-a şi chemat.

După-amiază am luat masa fără vorbe, ca de obicei. Doar lingurile trăncăneau prin bolurile de tablă. Am primit tocăniţă de legume cu orez, câte un castravete murat şi pâine făcută pe vatra cuptorului din spatele şurii.

Înainte de discuţia de seară, am zărit-o pe Soare spălând un tricou pe marginea apei, lucru pe care îl făcusem şi eu de dimineaţă, iar Ocean umbla de colo-colo, după ce s-a enervat că a spart din greşeală un borcan cu dulceaţă. Noaptea trecută am ieşit din cort să îmi fac nevoile şi l-am întâlnit venind din pădure. Avea cortul lângă al meu. Ştiam că a ieşit la plimbare, după îmbrăcămintea de pe el. Nu te îmbraci gros doar ca să ieşi pentru două minute din sacul de dormit. Ceva nu e în regulă cu el, mi-am spus, dar urma să aflu despre el chiar în următoarea zi. Tânjea după alcool. Dependenţa îl afecta mai mult decât am crezut în prima zi.

La întâlnirea de seară pentru Licurici, ca de obicei,

gazdele au venit cu idei mult mai interesante decât am avut noi ceilalți dimineață. Au văzut și au învățat multe de când au venit în pădure.

Aura ne-a oferit ceai, iar Linda, psihologul de serviciu, așezată dincolo de foc, își îndrepta atenția și vorbele către Licurici. Licurici stătea lângă mine.

- Eu cred că ești secătuită emoțional! Depresia e o cauză a oboselii trupești și invers. Așa cum spui, în loc să te umpli cu energie pozitivă, faci lucruri care te distrag de la prezent și realitate, și de la tine, de la ceea ce ai fost și-ai vrea să fii. Oricât de greu ți-ar fi, încearcă să stai în liniște. Stai în liniște! La meditații am văzut că te descurci. Căutarea unei stări permanente de zgomot, adică fuga de tine, înseamnă distragere de la realitate.

Licurici își fixă privirea în podea și spuse:

- La meditații sunt cu voi, nu singură. Simt conectarea. Nu cred că aș putea s-o fac de una singură!

- Înțeleg, dar noi nu vom fi lângă tine mereu, decât cu gândul. Numai tu poți să înfrunți ceea ce e ascuns înăuntrul tău. Amintește-ți că suferința face parte din viață și nu o putem exclude. Nu putem exclude senzații, sentimente și simțiri, pentru că fără acestea viața n-ar avea sens, îi explică Linda.

Ceea ce te apasă și nu exprimi, mușcă din tine! – mi-am spus.

- Și să-l duci pe munte pe fiul tău! continuă Linda. Fă-o pentru el. Arată-i cine ai fost și cine ești. Trebuie să știe. Merită să știe. Astfel îți vei reaminti și tu. Și mai e ceva - vei avea nevoie de un grup de suport, pe care să-l ai aproape oricând. Poate că te simți bine alături de noi, dar vom fi departe în momentele în care vei vrea să vorbești cu cineva. Lipsa noastră, mai ales după ce te-ai deschis și ai vorbit despre ceea ce te doare, îți poate adânci depresia. Un grup de suport oricând accesibil, te-ar liniști mai mult. Altfel, e ca și cum ai adopta un copil pentru o săptămână și, pe urmă, l-ai duce înapoi la casa de copii.

Licurici își nota idei și asculta curioasă, iar între noi se lăsase o liniște ocrotitoare.

- Întrebări pentru Licurici? exclamă Aura după o vreme.

Am ridicat mâna, iar Aura și-a deschis palma către mine.

- Nu ți se pare că mereu vezi viitorul într-un mod negativ? am întrebat. E ca și cum îți spui că nu vei fi acceptată la un interviu. Îți spui că nu vei reuși să ajungi la finalul unui concurs printre primii sau nici măcar nu ești sigură că vei ajunge la final. Deja știi că nu vei reuși. Eu am pățit-o adesea, de asta întreb. Și dacă e așa, cred că ți-ar face bine să te gândești, înainte de culcare, la un viitor așa cum ți-l dorești. Chiar contează!

- Așa e, creierul nu face diferența între gânduri, între realitate și imaginar, completă Linda.

- Știu, zise Licurici, dar e un efort prea mare. Voi încerca!

- Nu căuta trecutul ca să-l reinventezi, ci creează o viață nouă cu ceea ce ai la îndemână. O să vezi că efortul n-o să mai fie așa de mare, zise și Gabriel.

- Câți ani spuneai că are fiul tău? a întrebat-o Alex.

- Opt.

- Vorbești cu el despre tatăl lui?

- Nu, evit cât pot. Nu vreau să îl întristez.

- Aici greșești! continuă Alex. Mulți oameni greșesc

evitând să mai vorbească despre cei plecați dintre noi. Nici nu îndrăznesc să le mai pronunțe numele. Fiul tău are nevoie să știe despre tatăl lui. Chiar dacă nu mai trăiește, amintirea tatălui trebuie să fie prezentă în mintea, inima și viața copilului. Așa își va putea construi cel mic identitatea. Singura modalitate prin care el își poate cunoaște tatăl este să vorbiți despre el. Nu despre moartea lui, ci despre el. Nu va fi acolo fizic atunci când fiul tău va avea nevoie de el, dar va fi în sufletul lui. Nu încerca să-l ascunzi! Oricum, nu vei putea s-o faci!

Licurici își șterse o lacrimă cu degetul.

Alex tuși în palmă, făcându-și și mai mult loc în discuție.

- Asta e o pârghie prin care poți să acționezi. Alta e starea ta fizică. Insomnia, trezitul peste noapte, trezitul devreme sau, din contră, dormitul prelungit, reprezintă simptome ale depresiei. Absența unui somn odihnitor contribuie la creșterea nivelului de oboseală. Toate vin în cascadă, iar din cauza lipsei de somn, ajungi la sentimentul apăsător de nefericire. Dar sunt căi să ieși din cercul ăsta. Sportul! Te poate iniția Tigru și te-ar ajuta mai mult decât medicația antidepresivă, deși ele nu se exclud.

Robert a pus un lemn pe foc și s-a așezat aproape de Licurici, în spațiul ei personal. Încă nu aflasem că i-a murit iubita și că a trecut printr-o perioadă ca și cea prin care trecea acum Licurici.

Mama își șterse o lacrimă, se ridică și veni în spatele nostru, punând o mână pe umărul lui Robert și altul pe umărul lui Licurici, privind către foc.

- Neliniștea ta se poate întinde pe ani de zile. Ca să

treci peste ea trebuie să faci neapărat travaliu de doliu, să-l accepți. Neapărat!

- Travaliu de doliu? întrebă Licurici.

- Viața ta, chiar dacă o va lua pe un drum nou, va include trecutul tău, și asta înseamnă să vorbești despre el. Mai înseamnă să accepți că a plecat, chiar dacă ți se pare mult mai simplu să nu o faci. Și mai trebuie să știi că unii nu înțeleg prin ce treci și, chiar dacă vor să te ajute, te pot îndruma greșit. Faptul că ai venit e un pas pe drumul potrivit. Am trecut printr-o experiență similară și îți pot spune că, dacă nu mai fugi de tine însăți, ci îți dai voie să suferi și să plângi, o să fii tu din nou. Psihoterapia te va ajuta să te separi și să lași trecutul în trecut. Îți voi recomanda pe cineva.

- Natura te acceptă așa cum ești, nu îți cere nimic în schimb, continuă Aura, rupând așteptarea tăcută din jurul focului. Nici o floare, nici un copac, zise ea, și nici un animal nu îți va spune că ai părul nearanjat, că pantalonii îți sunt rupți în genunchi sau că te-ai trezit prea târziu într-o dimineață. La fel și copiii, nu te judecă, doar te acceptă. Asta pierdem noi, devenind adulți. Ne dorim multe, dar viața nu e mereu așa. Natura te va învăța, dacă îi oferi șansa. Eu zic că ar fi extraordinar să te întorci pe munte, în drumeții. În prima seară ne-ai spus că îți plăcea. Licurici cea reală!

- Vă mulțumesc, zise Licurici într-un sfârșit. De când am venit, am înțeles că aceste momente grele sunt lecții valoroase. Ele marchează niște trăiri din interior și se vor vindecate. Sunteți minunați și sunteți ceea ce dăruiți! Mulțumesc, mulțumesc, mulțumesc pentru tot! încheie ea, punându-și palmele una peste alta în dreptul inimii.

Vedeam în ochii ei trişti o sclipire de fericire că era printre noi, dar în afară de sfaturi şi gânduri bune, nu o puteam ajuta cu altceva. Ştiam cu toţii, ştia şi ea – nimic nu va mai fi la fel ca înainte! Trebuia să treacă prin experienţa pierderii cuiva drag, până la capăt. Să ajungă în punctul acela de neînţeles, şi apoi să se întoarcă şi să trăiască din nou.

Meditaţia de seară despre a observa trecerea gândurilor mi-a deschis mintea către idei noi. *Ce e stresant în viaţa mea şi poate fi eliminat? Ce gânduri păstrez, care nu mă ajută?* Şi printre ele zburdau o grămadă de cuvinte nespuse vreodată, ca un stol mare de păsări pe cer.

Mai târziu am ajuns în cort, mi-am pus lanterna frontală şi am notat câteva întrebări. Îmi imaginam cortul din afară, ca un licurici mare şi tăcut pe care întunericul l-a încolţit, dar n-a putut să-l înghită, pentru că lumina strălucea, ca şi la unii oameni, din interior. Scriind în micul meu jurnal de tabără, am adormit cu lanterna pornită.

OCEAN

Ziua 5

DIMINEAȚA ERA tare plăcută în pădurea FAGULUI CEL MARE. M-am trezit în cea mai caldă zi de tabără și, înainte să ies din cort, am verificat telefonul. Îmi scriseseră voluntarii rămași acasă - *"Salutare! Ne-am împrietenit cu vecinii de mai jos. Am primit lapte și brânză. Acasă totul e ok! Te așteptăm."* Le-am răspuns, apoi am fugit la pârâu și m-am spălat, urmând, după cum știți și voi deja, să medităm - de această dată afară, lângă foc - despre respirație și prezent.

Timpul a trecut repede și, după ce ne-am adunat din nou, Ocean, care nu știa că mai avea de trăit puține zile, ne-a mărturisit, gesticulând mult și cu sprâncenele ridicate, cum că a vrut să plece din tabără. Îl priveam cu atenție și am remarcat faptul că cearcănele îi erau pronunțate și arăta ca naiba.

- Vă spuneam în prima seară că am devenit alcoolic. Petreceam mult timp în baruri. Apoi ajungeam acasă și mă convingeam că nu e mare lucru dacă mai beam ceva înainte de culcare. Îmi spuneam că pot să renunț oricând, dar au trecut vreo zece ani. Toți prietenii mei beau, nu mai aveam prieteni nebăutori. Mă atrăgeau doar oamenii și locurile în care se consuma alcool. Am ajuns să caut anturaj și discuții despre vrute și nevrute, dar de fapt, motivul întâlnirilor era mereu alcoolul. Nu am câștigat nimic în mii de zile și nopți pierdute, n-am devenit mai înțelept, nici mai fericit, ci am pierdut totul. Mă simt ca într-un labirint interminabil, căutând fără succes ieșirea. Știți, am început dintr-o plăcere care nu s-a risipit. E o plăcere dată dracului! spuse el și izbucni într-un râs care nu prevestea nimic bun. Un râs care te sperie dacă nu cunoști omul și durerea lui.

- Îmi place să beau o băutură bună, dar nu mă opresc, continuă el, după ce trase o gură mare de aer. Și costă. Cu timpul, înveți să bei ce e mai bun, dacă-ți permiți, zise el râzând. Credeam că țin lucrurile sub control, dar au trecut prea mulți ani, iar acum nu mă mai opresc. Și mă distruge. Adică, mă autodistrug, pahar cu pahar, zi de zi găsind motive să beau.

- Când ai observat asta? întrebă Gabriel.

- Nu știu când mi-a alunecat piciorul, dar am realizat de-o vreme că am ajuns în prăpastie. Și încă alunec - încă o bere, încă un pahar de tărie. Cantități mici, dar constante, spuse el și se opri brusc, ascultând ceva ce numai el auzea.

- Cei de lângă tine ce spun? continuă Gabriel.

- Cei de lângă mine s-au îndepărtat! răspunse el cu amărăciune. Am ajuns să cred că toți sunt ca mine. Îmi spuneam „Toți ascund o porcărie!". Prostia aia cu *suma viciilor*. Și cei care nu beau mi se păreau seci.

- Și totuși, gândești limpede! Se pare că ai înțeles, zise Mama.

- Am scăpat de belele ca prin urechile acului, până când am pățit-o. Era gata-gata să mor!

- Ce s-a întâmplat? întrebă ea.

- Într-o noapte am condus un prieten în stradă. Am stat să povestim. Mi-am spus că nu voi atinge băutura în acea zi. Însă ne-am dus la bar să bem o ciocolată caldă. Nici nu luasem bani cu mine. Vă jur, voiam să beau doar ciocolată caldă! Dar la bar ne-am întâlnit cu niște cunoscuți care serbau ziua unuia dintre ei. M-am întors spre casă către dimineață. Abia puteam umbla, deși eram conștient. Nu mă ascultau picioarele. M-am împiedicat undeva în parc, lângă un gard cu „țepi", care-mi ajungea la brâu. Am căzut lângă el când începea să se lumineze și aș fi rămas să dorm pe jos, pentru că îmi era prea greu să mă ridic. Dar era o zi de târg, ceva pentru copii, și vânzătorii veniseră deja să își instaleze tarabele. Se auzea muzică de undeva, încet, cineva testa niște difuzoare, iar mie îmi țiuiau urechile și simțeam că îmi plesnește capul. Nu știu dacă m-au văzut, dar n-a venit nimeni la mine. De rușine, m-am ridicat, să nu mă vadă căzut, și m-am sprijinit de gard, dar când am încercat să pășesc, nu știu cum am făcut și am căzut cu burta într-o săgeată din aceea ascuțită din el. M-am trezit din comă într-un salon de arși, nu știu ce căutam acolo. Au deschis rezerva de medicamente pentru război din cauza mea. Doctorul mi-a spus că, dacă mi-ar fi intrat cu un centimetru mai sus sau mai jos acea săgeată de gard, ar fi fost mortală. Scăpasem doar cu o gaură în stomac. Atunci am început să conștientizez că mă aflu pe un drum al autodistrugerii, dar tot nu am reușit să mă opresc. Am continuat. Am ajuns să nu mai petrec timp cu cei care nu beau alcool și să stau cu oameni dornici să-mi țină companie, povestind verzi și uscate, golind pahare împreună. Mi-am distrus relații, oportunități, sănătatea, cariera, pe scurt, m-am distrus! Am ajuns să distrug și lucruri. Și m-aș bucura să găsiți o ușă de scăpare pentru mine, pentru că nu pot să înaintez de unul singur. Mi-am ales numele Ocean pentru că vreau să cred că măcar simțul umorului nu mi l-am pierdut.

A făcut o pauză, privind cerul și, după aceea, focul, strângându-și cu degetele pielea de pe frunte, ca și cum ar fi căutat cuvinte sau vreo imagine pe jumătate uitată. Dar nu i-a luat mult să-și limpezească gândurile:

- Zilele trecute am vrut să plec, dar m-a oprit Gabriel. Seara e cel mai greu. Ies și număr stelele pe cer. Îmi tremură mâinile și atunci când nu se vede. Îmi tremură în interior, cumva... Nu mai am încredere în mine. Una e să trăiești mereu amețit, obosit, iar alta e să bei uneori, un pahar de alcool, de plăcere. Știu. Dar fără alcool nu fac față vieții. Aș bea chiar acum o bere și m-aș simți eliberat. Recunosc și nu pretind că sunt altcineva decât sunt!

Eu mă gândeam la țigările lăsate acasă, pe pervaz. Aș fi vrut și eu o țigară chiar atunci, ceea ce m-ar fi făcut și pe mine să mă simt eliberat. Doamne, îmi venea să plec acasă după ele.

- Suntem victimele propriilor noastre alegeri, m-am trezit eu vorbind. Dar m-am scuzat și am ridicat palmele deschise, făcându-i semn lui Ocean să nu se oprească, să nu se încurce. Și nu s-a încurcat.

- Am înțeles în aceste zile, meditând, că intoxicarea

corpului meu îmi face mai mult rău decât am conștientizat până acum, continuă el. Timpul irosit în fața paharului nu-l dăruiesc vieții, ci îl șterg cu buretele. Mai bine zis, îl omor. Am doar 35 de ani, dar în ultimii zece am îmbătrânit cu douăzeci. Nu știu dacă se și vede, dar eu o simt. Nu mai am nici o putere. Dar în ultimele zile, de când nu mai beau, îmi pare că sunt mai deștept, gândesc mai limpede. Arătam înfiorător. Și arăt încă înfiorător, deși parcă nu mai mi-e frică să mă uit în oglindă. Oglinda..., zise el și se opri pentru o clipă.

Știam că nu terminase. Așteptam să-și adune gândurile.

- Într-o noapte, mă aflam cu niște amici pe terasa unui bar. Țin minte tot, chiar dacă băusem mult. Îmi era doar foarte rău și abia dacă puteam să mai vorbesc. Cuvintele s-au rărit până la faza în care cei de la masă au început să aibă priviri de bovină. Beau și deja priveau în gol de parcă nu erau oameni, strânși la un loc sub umbrela mișcată de vânt. Mă ardea stomacul și începuse să-mi fie frig. Și n-a durat mult până când un fulger a lovit aproape de noi, iar cei cu ochii de bovină n-au schițat nici un gest. Voiam să plec acasă, dar brusc a început să toarne cu găleata, așa că m-am dus doar până la baie, ținându-mă de scaune. În timp ce afară fulgera și tuna de tremurau geamurile, eu mă cercetam în oglindă, sprijinit de chiuvetă. Mă întrebam dacă mai am suflet și nu îmi aminteam nici o rugăciune, când dintr-o dată, s-a luat curentul și s-a făcut întuneric. În acea noapte și în acea baie mi-am dat seama că am murit. Aduceți-mă înapoi!

Așa a încheiat Ocean, cu ochii umezi și cu mâinile

tremurând uşor, iar nouă ne era greu să mai întrebăm ceva.

Gabriel rupse tăcerea:

- Ce ai face dacă copilul tău ar fi în situaţia ta?

- Nu am copii, zise Ocean, şi începu să plângă încet şi dureros, cum n-am mai văzut să plângă un bărbat.

Mama s-a dus lângă el, s-a aşezat şi l-a îmbrăţişat, iar Ocean şi-a culcat capul pe umărul ei, semănând el însuşi, atunci, cu un copil. Mama îl mângâia. Abia a reuşit să mai rupă câteva cuvinte înăbuşite printre suspine:

- Nu mă bucură nimic, orice mi-ar spune ceilalţi. Nimeni nu mă poate ajuta! Şi mă odihnesc prea puţin.

- Ai venit aici. Înseamnă că ai înţeles că acel comportament e autodistructiv. Eşti la mine în braţe. Ocean cel fără putere nu mai e aici, tu eşti acum aici. Tu! zise Mama şi ne făcu semn cu mâna să-i lăsăm singuri.

- Duceţi-vă, ne-a spus ea, atât de încet încât mai mult i-am citit pe buze.

Ne-am ridicat şi ne-am îndepărtat în linişte.

Sincer să zic, m-am bucurat că am plecat, pentru că nu eram pregătit să-l ajut şi mi se părea un lucru imposibil de rezolvat prin simple discuţii. Omul venise traumatizat de el însuşi şi trecutul lui, iar eu nu eram în stare să-i fac faţă.

După un timp, în care ne-am plimbat prin jurul taberei, clopotul ne-a întors lângă foc.

Mama şedea lângă Ocean, iar Ocean privea focul.

- Suntem pregătiţi! Suntem împreună, zise Mama. Ocean o să răspundă la întrebări.

Ne-am reaşezat cu toţii, în timp ce Mama ne-a explicat cum s-a liniştit Ocean:
- I-am spus să bea chiar acum o bere, apoi să plece şi încheiem ziua sau să reziste până la capăt.

Ocean ridicase mâinile în semn de pace şi predare:
- Rămân până la capăt! O dată în viaţă trebuie să duc un lucru bun până la capăt, oricât va fi de greu! Întrebaţi-mă orice!

- Tocmai am citit într-una din zile despre faptul că suferinţa bărbaţilor se traduce adesea în abuz de substanţe diverse, zise Aura. Abuzul de alcool mascheazã depresia. Poate că despre depresie vorbim şi în cazul tău. Ce spui?

Ocean tăcu.
- Nu trebuie să răspunzi decât dacă vrei! încheie ea.
Ocean n-a vorbit. Şi-a acoperit gura cu palma.
- Ai trăit vreo traumă în viaţă, mai exact, în copilărie? îl întrebă Linda.

Ocean privi către foc, apoi către noi, pe rând.
- Aş vrea să ne oprim!

În urmă cu câteva minute părea că se liniştise şi era în aşteptarea unui dialog. N-a mai spus nimeni nimic. Focul trosnea monoton.

Am continuat cu micul dejun şi, după ce am terminat de mâncat, ne-am strâns ca să vorbim despre el, dar fără el de faţă.

- E o chestiune de obişnuinţă, zise Aura. Aşa ştie el să înainteze. E combustibilul lui. E ca şi cum respiră aer ca să trăiască. Bea ca să trăiască. Are nevoie de dezintoxicare. Are nevoie de ajutor de specialitate.

- Îşi face, pur şi simplu, rău, completă Alex. E atât

de simplu să-i spui să nu mai bea, dar pentru el e imposibil de greu. Ai dreptate, Aura! Are nevoie de ajutor de specialitate.

Soare interveni în discuție:

- Eu cred că are traume nerezolvate din copilărie și nu realizează că prezentul va fi trecut. Nu va mai schimba trecutul, orice ar face. Dar are prezent și viitor, zise ea, vorbind mai mult pentru sine.

- Cu siguranță! o asigură Mama.

- Propun să ne oprim până spre seară și apoi să încercăm să vorbim cu el din nou, ne sfătui Gabriel.

Propunerea lui a fost acceptată de tot grupul, dar am rămas încă să discutăm, chiar prea mult, în jurul focului.

Timpul a trecut repede, chiar dacă am avut și momente în care ne-am pierdut în meditație sau, pur și simplu, ne-am învârtit pe acolo, am șezut și am privit focul, ori ne-am jucat cu Radar. La un moment dat, Daniel, pentru că el avea grijă de tabără, ne-a dus la pârâu, micul exercițiu aplicat al zilei, unde am observat și am ascultat curgerea lui. Viața întreagă pulsa în tot ce ne înconjura, în timp ce noi priveam mici bule și frunzulițe duse de apă la vale. Daniel ne-a explicat că sunetele produse de curgerea apei ne scad nivelul de stres și tensiunea arterială. Și nu cred că exercițiul de conectare cu apa a fost ales întâmplător în ziua lui Ocean.

Au urmat pregătirea mesei și strânsul de lemne. Chiar și Frunză a venit cu noi. Ocean a stat pierdut pe undeva prin pădure sau în cortul lui, și totuși, ziua lui ne-a legat strâns, ne-a înfrățit. Ne-am unit într-un suflet, având emoții pentru întâlnirea de seară. M-am gândit mult la ceea ce aveam să-i spun. Am înțeles că omul e cea mai complicată mașinărie din lume, deși are nevoie de puține lucruri ca să ruleze în parametrii optimi. Și totodată, e destul de simplu să distrugem mașinăria dacă îi dăm un combustibil nepotrivit. Alcool în loc de apă, fum în loc de aer.

- Îți vom spune ce credem despre tine și va fi greu, și pentru tine și pentru noi, începu Daniel, în timp ce încă ne foiam pe locurile noastre. Eu priveam focul care ardea în pulsații vii și beam din ceaiul Aurei.
- Ne-am sfătuit și credem că ai nevoie de ajutor de specialitate, îi spuse Gabriel. Credem că soluția e să mergi într-un centru de dezalcoolizare, pentru că creierul tău s-a obișnuit să rateze când ai încercat singur să te oprești. Orice ai face ca în trecut, creierul tău e convins că e sortit eșecului. Singur nu vei reuși. Tot ce putem să facem noi aici și acum e să te ajutăm să conștientizezi mai bine ce se petrece cu tine. Dacă ne lași, îți vom spune părerile noastre. Oricum, orice ai face pentru a scăpa de alcool, tu trebuie să vrei s-o faci! Nu noi, nu prietenii tăi, nu medicul tău, nici familia ta. Vindecarea începe de la cel care are nevoie de ea! Doar dacă ești pregătit și îți dorești, îți vom spune ce avem de spus. Dacă nu, încheiem și mergem să medităm.
- Sunt aici și vă ascult, zise Ocean.

Părea amețit.

- Bine! replică Gabriel și se uită către Alex, făcând o mișcare scurtă din cap, ca și cum i-ar fi cerut să vorbească. Iar Alex a vorbit:

- Nu e de glumă și ți-o spun în calitate de medic. Îți voi explica unde poți să mergi și îți recomand să te duci cât mai repede, chiar mâine dimineață. Îți voi da toate datele de care ai nevoie. Va fi greu, dar viața pe care ți-o dorești merită fiecare minut de efort.

Ocean își trecea degetele prin barbă, apoi își lăsă fața să-i cadă în palme, aplecându-se prea mult către foc (*Cum de nu-l arde?* mă întrebam).

- Gândește-te la valorile tale, de unde vin ele și cine ești tu cu adevărat! zise Aura. Ne spuneai despre oamenii care te înconjoară, anturajul tău. Acum poți afla cine îți e prieten și cine nu. Atunci când omul nu mai stă în preajma ta din cauză că nu bei alcool, e prieten cu alcoolul, nu cu tine. Cine stă în preajma ta pentru tine și nu pentru alcool, îți vrea binele. La fel și tu: ești prietenul prietenilor tăi cu adevărat sau ești prieten, de fapt, cu alcoolul?

Ocean o privea cu o expresie dureroasă pe chip.

- Unii se cațără pe umerii tăi ca să nu iasă la iveală eșecul lor. Ei se bucură că tu nu faci mai mult sau nu ești mai bun, dar nici măcar nu sunt conștienți. Altfel, dacă tu ai străluci, ar ieși la iveală noroiul în care băltesc ei, și invers. Dacă te-ar lăsa, ai vedea că te afli în noroi și ai căuta să ieși la lumină. E un cerc vicios, în care nu ești singur. De câte ori sunteți împreună, vă ocupați cu altceva, cu orice altceva, numai cu realitatea nu. Trebuie să ieși din mediul toxic în care te afli. Nu va fi ușor. Nici nu vreau să te întreb cât timp petreci cu tine însuți, fără influențe externe, încheie Aura, iar Ocean oftă.

- Vin dintr-o familie în care nu se discută fricile, ci se ascund. Cei din familia mea încearcă să pară altfel decât sunt. Aşa am învăţat de acasă, să tac şi să arăt că sunt fericit. Dar oamenii tot mă evită. Ştiu, am greşit! Eu i-am îndepărtat. Nu îi ascultam, ba chiar îi jigneam şi nu îmi păsa de ce simţeau, zise el.

- Să redescoperi, să accepţi şi să fii cine eşti tu cu adevărat, cu bucurie, asta e sarcina ta acum, zise Mama. Adicţia e răspunsul la o traumă şi nu trauma în sine. Să încercăm să descoperim trauma, nu să rezolvăm adicţia! De adicţie se vor ocupa cei de la centru, dacă te vei duce, şi ai face bine să te duci! Prea multe persoane mor zilnic în lume din cauza alcoolului. Atunci când te deschizi în faţa oamenilor care îţi vor binele, faci deja primul pas spre vindecare! Tu ai trecut de acel pas, ceea ce e minunat. Nu doar că ai înţeles prin ce treci, dar o şi recunoşti. Destul de rar şi de greu. Sunt mândră de tine!

- Mă duc! Mă duc! Mă duc mâine, altfel n-o s-o mai fac, zise el, dar nu părea deloc credibil.

Parcă erau două persoane în acelaşi corp.

- Poţi merge direct, zise Alex. Rezolv eu. Luptă sau fugi, dar nu sta pe loc. Ezitarea te adânceşte şi mai mult în groapă. Oricum, în cazul tău, caută scara, nu treptele. Caută locul unde vrei să ajungi. Apoi urcă, pas cu pas. Locurile se schimbă, noi ne schimbăm, dar un lucru merge înainte în defavoarea ta.

- Timpul? întrebă Ocean.

- Timpul! zise Alex.

- Nu am un sentiment clar despre unde anume vreau să duc existenţa mea. Adică, ce vreau de la viaţă şi ce pot să-i ofer! Sper să aflu cât de curând. Voi, ceilalţi, ce ziceţi? ne întrebă Ocean, privindu-ne pe rând.

Am intervenit eu:

- Eu zic să îți reevaluezi priorităţile și scopul vieţii. Să cauţi prieteni și pasiuni care să te ţină ocupat în mod constructiv. Stai ocupat! Aminteşte-ţi ce şi cum făceai când trăiai aşa cum ţi-ai dori acum să trăieşti. Adu-ţi aminte de viaţa ta bună şi caută oameni pozitivi care să te ţină departe de alcool!

- Am şi uitat de fericire! zise el amărât. Nu mai ştiu cum e. Mă simt viu doar în momente de tristeţe; în rest, trec prin viaţă ca printr-un vis urât.

- Ce vrei să spui? întrebă Linda.

- Adică trăiesc ca să treacă zilele, dar ele nu trec ca să le trăiesc, ci doar trec pur şi simplu. Iar eu, atunci simt că trăiesc când sunt nefericit, pentru că bucurii nu am. Mă întreb adesea cum de m-am putut schimba atât de mult? Nu spun că n-am încercat să fac lucrurile altfel, dar sunt prea slab.

A urmat o aşteptare imposibil de lungă. Căzusem pe gânduri şi căutam cuvinte.

- Aparent, alcoolul îţi oferă libertate, zise Linda. Te debarasezi de teamă, emoţii, ruşine şi, astfel, te simţi liber. Dar nu durează mult, nu? Pentru că bariera între sentimentul fals de libertate şi oboseală, teamă, lipsă, izolare, e greu de menţinut. Dispare odată cu mahmureala.

Ocean o privea fix. Avea o faţă de om speriat.

- Apoi, ne putem gândi la unele motive pentru care ai nevoie de alcool. Poate că, în loc să faci prostii mult mai mari, bei. Teama te expune şi nu te lasă în pace. Una e să recunoşti că ai o problemă cu alcoolul, iar alta e să descoperi că ai temeri care te împing afară din realitate prin consumul de alcool. Socoteşte orele petrecute în faţa paharului şi gândeşte-te la ce ai putea face bun cu ele. Ce ți-ar plăcea să faci cu aceste ore, zile sau ani care vor veni? îl întrebă Linda.

- Oare nu suntem animale? Nu vrem să învingem cu orice preț, să avem, iar restul e o păcăleală? Când suntem slabi ne întoarcem la cele sfinte. Eu nu mai vreau să cuceresc nimic, zise Ocean.

- Poate că exact acolo începe viața frumoasă, după ce renunțăm să mai cucerim ceva și începem să ne bucurăm că trăim, i-am spus eu.

Mă gândeam la monstrul crescut în mintea lui. L-a alimentat, l-a hrănit, iar acum coșmarul a devenit mult prea mare ca să-i mai facă față singur. Avea nevoie de ajutor.

- Ar fi minunat să învățăm să trăim cu greșelile din trecut, să le acceptăm ca parte din viețile noastre, zise amărât Frunză, ca și cum cineva i-ar fi tras cu cleștele cuvintele din gură.

- Cât mă bucur că ai spus-o, Frunză! zise Mama. Că ai spus-o tu! Ai găsit calea! Ai găsit calea! repetă ea.

Frunză zâmbi, în contrast cu Licurici, care zise oftând:

- Toți suntem traumatizați și, la rândul nostru, traumatizăm și noi pe alții sau pe noi înșine. Ascultarea e importantă, restul e gunoi.

- Ca să se întâmple lucruri minunate, trebuie să fim prezenți cu inima, să dăruim totul, zise Mama. Mintea, pe de altă parte, e cu dus-întors. Poate să ne distragă de la ce e important, dar poate să ne și ajute. Important e să o conducem, să o folosim, altfel vom căuta mereu răspunsuri și rezolvări din exterior, sau, pur și simplu, vom baga gunoiul sub preș. Dar nu putem să facem asta la nesfârșit. Viața cea mai bună și frumoasă e simplă, adevărată și reală și, dacă fugim de ea, cădem în droguri. Tu, de exemplu, te poți lăsa de alcool, dar te vei apuca de altceva. Vei mânca dulciuri și, într-un an de zile, vei deveni probabil, obez. Renunțarea la un viciu... renunți la unul și te apuci de altul. Caută în adâncul tău, rezolvă conflictul interior!

Mama vorbea atât de calm și de blând, încât îți venea să-i asculți vocea caldă la nesfârșit.

- Nu e simplu, știm cu toții! interveni, din nou, Linda. Nu e simplu deloc să începi să faci lucruri noi, să participi la evenimente, să îți deschizi noi orizonturi, să cunoști oameni interesanți. Nu e ușor. Dar cu cât vei face mai multe lucruri noi, cu atât mai puțin timp vei avea pentru alcool. Pentru că, nu asta faci acum? În lipsă de altceva, sau ca să-ți muți gândurile de la lucruri care te apasă, bei, spuse Linda, învârtind discuția pe subiect parcă prea mult.

- Calea spirituală e grea, iar mintea poate să te ducă în stări mult mai interesante și mai plăcute decât acelea oferite de alcool, zise Daniel, salvând momentul.

- De mulți ani mă simt ca un copil abandonat! Nimeni nu mă vrea! șopti Ocean.

- Noi te vrem! îl contrazise Frunză. Viața ta haotică și plină de suferință a trecut! De acum înainte, prezentul contează. O să-ți construiești viitorul tău, care are multe de oferit și înseamnă mai mult decât tot ce a fost.

Ce schimbare la Frunză, mi-am spus. *Omul chiar a priceput ce are de făcut!*

Ocean spuse cu ochii către foc:

- Știți, ascultându-vă, mi-am dat seama că toate vin din trecut, de demult. De exemplu, aș avea ceva de lămurit cu tata, dar dacă merg la el să vorbim, primul drum va fi la bar. Nu sunt pregătit să vorbesc despre toate acum, dar o să-i scriu o scrisoare. O să-i spun că l-am iertat. Probabil, o voi face din centrul de dezalcoolizare. Îmi doresc o viață normală! O mare schimbare către o viață normală. Mulțumesc tuturor! mai zise el, ridicându-și privirea. V-aș ruga să nu vă supărați dacă voi merge în cort și am să revin doar la meditație. Am nevoie să stau singur și să mă gândesc. Aș vrea să plec mâine! zise el, iar eu mă gândeam dacă voia să plece pentru a se duce la dezalcoolizare sau pentru că nu mai putea sta în pădure fără alcool - un fumător poate înțelege foarte ușor un alcoolic.

Ocean o privi pe Mama și îi zâmbi, iar ea îl salută militărește, ducând palma la frunte.

Mai târziu, după ce am cântat în jurul focului și după ce am admirat culorile schimbătoare ale apusului, Gabriel ne-a dus în șură și ne-a ghidat mințile pe un drum al renunțării la atașamente, spunându-ne că în viață nimic nu e imposibil. Ocean stătea cu ochii închiși, cu spatele drept și cu mâinile pe genunchi, așezat pe fotoliul de lângă geam. L-am privit îndelung, înainte ca Gabriel să sufle în ultima lumânare.

După o zi plină, stăteam întins în sacul de dormit, cu ochii deschiși în întuneric, și ascultam sunetele nopții. Deși țineam mereu fermoarul închis ca să nu mă trezesc cu vreo lighioană prin cort, greierii se auzeau atât de tare, de parcă ar fi dat buzna în scorbura mea temporară, iar păsările întunericului cântau din toate părțile. *Bu-hu-hu! Vriu-vriu! Toc-toc-toc!* Jocul meu de-a ghici sunete și distanțe a fost întrerupt de Ocean. L-am auzit trăgând fermoarul și ieșind din cortul lui. Știam că el era! Nu putea dormi și îi plăcea să iasă să privească stelele. Am auzit câteva vreascuri rupându-se sub pașii lui, iar greierii s-au mai potolit și câteva dintre păsări au tăcut, lăsând îndepărtatele sunete de bufniță să ajungă la mine mult mai limpede. Mi-am amintit de țigări. Duceam dorul a ceva interzis, ca și Ocean. Nu credeam că-i era dor de oameni, ci și de afurisita de băutură. M-am întors pe o parte și am închis ochii, dar ceva mă împingea să ies și să vorbesc cu el.

Afară se făcuse frig. Rulota lui Gabriel avea geamurile luminate din interior și arăta ca un fel de OZN. Am aprins lanterna și m-am dus după Ocean. În fața mea, în pădure, apăruseră doi ochi. Poate că erau douăzeci de pași între noi. Nu puteau fi ai lui Ocean, ci mai degrabă ai unui animal. Dar nu se mișcau, nici nu clipeau, ceea ce m-a speriat. M-am oprit și, atunci, animalul a început să alerge către mine. M-am încordat, neștiind ce să fac pe moment. Dar m-am liniștit după ce a intrat în lumina lanternei - era Radar.

- N-ai somn? zise Ocean, de undeva din locul de unde venise Radar.

L-am zărit între copaci în timp ce mângâiam câinele și am pornit spre el, ca să nu vorbesc aproape de corturi. I-am vorbit abia când am ajuns la un pas distanță:

- Ziceai că pleci dimineața!
- Trebuie să plec!
- Se pare că erai deja pregătit. Mă așteptam să accepți mai greu...
- Am trecut prin multe rahaturi! Mă mir că sunt întreg. E dificil să mă schimb, dar știu că nu am mare

lucru de pierdut dacă încerc, zise el.

- Când ne-ai povestit despre gaura din stomac, mi-am imaginat...
- Au mai fost și altele!
- Grave?
- Să-ți mai spun?
- Dacă nu e cu sânge, spune.
- Ba da, e cu sânge - un alt accident stupid la băutură. M-am enervat, nici nu mai contează contextul, dar să vezi fază: am vrut să înfig un cuțit în masă. Îi țineam strâns mânerul în pumn, cu draci, și lama către exterior. Atât de tare l-am lovit în masă, încât, atunci când s-a oprit vârful lui în lemn, pumnul meu strâns a mers până la capăt pe lama ascuțită, oprindu-se și el în masă. Mi-am tăiat tendoanele, tot, până la os și am leșinat. Mi-au pus o tijă încovoiată ca un cârlig care să-mi țină degetele.

Mi s-a făcut pielea de găină.

- Sper că nu mai ai povești asemănătoare!
- Arătam ca un pirat, știi... toate din cauza băuturii.
- Groaznic! i-am spus.
- Am momente de regret și claritate atunci când sunt sătul de ea. Dar pe urmă, iar îmi vine să beau. Aici îmi e și mai limpede - e vital să mă schimb! Și mi-a prins bine tabăra.
- Probabil că momentul potrivit n-o să vină niciodată.
- Cu timpul va fi mai greu, cred! zise el. Alex mi-a recomandat un loc bun, e tot într-o pădure.
- O altă tabără?
- Nu, e un centru special pentru dezalcoolizare, dar a reușit să mă convingă! Mi-a făcut rezervare și merg.

- Direct?

- Direct! Și apoi mă angajez la herghelia de cai a unor prieteni. Mă tot cheamă. E o pensiune tare drăguță, iar munca mă va ține ocupat. Caii mă vor ajuta mai mult decât oamenii din jurul meu. Voi locui acolo, zise el hotărât, dar eu nu știam dacă să-l cred, pentru că, dacă aș fi avut o țigară la mine, aș fi aprins-o pe loc - direct!

- Îmi place de Alex! E un om tare bun, i-am zis cu sinceritate.

- Și mie îmi place de el. Atât că nu mi se pare că are limbaj de doctor! Doctorii vorbesc o altă limbă, iar Alex e ca noi.

- Poate pentru că stă în pădure, nu într-un spital, am comentat eu.

Ocean a tăcut și s-a sprijinit de un copac. În fața noastră era o deschidere către cer, iar cerul era plin de stele.

- Ce crezi că e acolo, printre stele sau dincolo de ele? l-am întrebat.

- Sper doar că nu e un Dumnezeu care n-are altceva mai bun de făcut decât să mă pedepsească pentru că sunt slab!

- Mă refer la alte lumi!

- Explozii solare, găuri negre, ciocniri de galaxii... răspunse el. Îmi place să privesc cerul nopții. Tu ce crezi că e acolo?

- Știu doar că e ceva acolo, chiar dacă nu pot înțelege și nu pot explica ce e.

- Agnostic, zise Ocean.

- Hmmm... poate. Hai că te las! Am vrut doar să-mi iau rămas bun. Sper să ne revedem cu bine.

- Și eu sper!

– Ai grijă la momentele grele, atunci când simți că nu mai poți. Atunci e cel mai dificil, dar pândește momentul în care poți tăia capul balaurului. Între cele două lumi sau cele două vieți paralele.

– Ce vrei să spui? întrebă el.

– În momentul de cădere, când simt nevoia să fumez și găsesc motive să fumez, să iau încă o țigară, doar acolo cred că pot sa găsesc o portiță de scăpare. Acolo e granița. Dacă pot să lungesc momentul ăla suficient și să mă întreb în ce direcție vreau să o iau, atunci reușesc sa mă abțin.

– Poate că ai dreptate. Va fi mai greu după tabără sau după orice terapie.

– Exact, atunci când te întorci la tine, când ești numai tu cu tine! Ancorarea aceea în viciu sau poate în suferință, cred că doar în acel punct ne putem dezlega. Atunci când ne e cel mai greu, i-am spus.

Ocean n-a răspuns.

– Nu avem voie să vorbim între noi! i-am zis după o vreme, amindu-mi că asta era una dintre regulile taberei.

– Prea târziu, zise el, iar eu îmi imaginam cum își aprinde o țigară în întuneric; cum aprinde bricheta, i se luminează fața și trage fumul adânc în piept...

SOARE

Ziua 6

OCEAN A PLECAT înainte de-a începe să plouă, chiar după meditație. L-am îmbrățișat cu toții și l-am condus până la marginea locului în care nu avea să se mai întoarcă vreodată. A mers vreo cincisprezece pași și abia atunci s-a întors, și-a deschis larg mâinile și a strigat *Mulțumesc!* Mi-am amintit brusc de prietenul meu Flavius, care a murit într-un accident de mașină, și mi s-a făcut dor de el.

Am primit un mesaj liniștitor de la Paul. I-am răspuns cu aceeași monedă. Totul ok și aici. Ne vedem peste două zile.

Mai aveam de trecut doar o zi, a lui Soare, până să-mi spun și eu ofurile. Am început să simt emoții și să mă concentrez mai mult la ceea ce urma pentru și despre mine, decât la ceea ce se întâmpla în prezentul acelei dimineți. Ne-am trezit pe ploaie și ne-am adunat în șură. Soare, în liniștea rămasă și în amorțeala din care încercam să ieșim după meditație, ne-a povestit despre ea și despre motivul venirii în tabără – relația ei eșuată. Iar mie îmi trecea prin minte un gând stingher și, poate, egoist: *Nimic nu te împlinește dacă nu ai pe cineva căruia să-i spui ce vrei, fără oprelişti, cineva cu care să faci planuri, cineva care să îți dea o șurubelniță atunci când repari ceva cocoțat pe o scară, și cineva pe care să iubești și atât. Cum ar fi să ai norocul de a te trezi lângă cineva drag în fiecare dimineață?*

Norii nu lăsau razele soarelui să atingă nimic din jurul nostru, așa că Aura a aprins lumânări peste tot în șură. Eu n-aș fi avut curaj să aprind atâtea lumânări în casa mea din lemn. Dar stingătorul de foc agățat pe perete, în mijlocul corului de lumânări, m-a liniștit. Tăcerea încă domnea în încăpere după meditație, iar focul din șemineu și mirosul lumânărilor ne învăluiau într-un aer mistic. Dar să o luăm de la început:

Soare scoase din buzunar un carnețel mic și roz, legat cu spirală de sârmă. Îl deschise și apăsă pe butonul pixului de câteva ori, privind în jur ca și cum ne-ar fi numărat.

Robert, omul zilei, nu se implica prea mult în discuții. Și la muncă se mișca tăcut. Ne spunea ce aveam de făcut și cam atât. Stătea mult în rulota lui sau se ducea uneori în pădure, unde nu știu ce făcea. De altfel, mă simțeam în siguranță în preajma lui. E genul de om care-ți dă încredere. Nu poți explica, dar o simți în inima ta. Robert doar o privi pe Soare, dându-i timp să-și găsească momentul și cuvintele potrivite. Ba unul se foia, ba altul tușea înfundat să nu deranjeze, până când Soare, cu ochii în carnețel, începu:

- Bună dimineața, dragilor! Vă mulțumesc pentru

zilele petrecute împreună! Vreau să știți că mă simt minunat cu voi și, dacă ar fi cu mine și fetița mea, aș vrea să rămânem aici pentru totdeauna. Nu știu dacă vă mai amintiți ce v-am spus în prima seară, dar am venit aici din cauza unei despărțiri. Despărțirea de tatăl fetiței mele. O despărțire care încă nu a avut loc în realitate, ci doar în sufletul meu. Nu știu cum s-o fac de-a binelea. Nici el nu vrea, nici eu nu vreau, dar nici așa nu mai putem trăi. Simt că e o minciună! O relație forțată. Aș vrea să-mi spuneți voi ce să fac și cum să fac. Mă doare. Mă doare să știu că trec anii astfel, neavând parte de iubire și de o relație căreia să-i pot dărui mai mult. Tot ce am pe lume e fetița mea. Aș face orice pentru ea și o iubesc infinit de mult! Pentru ea trăiesc!

Soare se opri și își șterse o lacrimă din colțul ochiului.

- Întrebați-mă orice! Chiar nu știu ce detalii ar trebui să vă dau, pentru că ar fi multe de spus, zise ea.

- Ar fi bine să eliberezi ceea ce ai adunat, ce ai pe suflet și te macină, îi spuse Aura.

- Ai dreptate. Mult timp mi-am dorit să pot vorbi deschis cu cineva, dar acum chiar nu știu ce să vă mai spun. Nu am mai trecut prin așa ceva și nu e simplu. Aș prefera să mă întrebați voi, oricât de dur ar fi!

- Bine, atunci. Haide să vedem - dacă am vorbi despre ce ți-ai fi dorit, despre cum ar fi arătat relația ideală, te-am atrage înapoi în suferință, iar tu trebuie să mergi înainte. Trecutul nu mai poate fi schimbat. Tare mult sper că nu te simți vinovată! zise Mama.

Soare a închis ochii pentru o clipă, iar Mama a continuat:

- Soțul tău e violent?

Eu aveam gura și nasul ascunse în palme și respiram printre degetele întredeschise, ascultând cu urechile antenă.

- Nu e violent și nici n-a fost! Sigur, ne mai certăm, dar cele mai urâte certuri s-au întâmplat la început, imediat după nașterea celei mici, atunci când am înțeles că nu aveam ce să căutăm împreună. Dar, după ce ne-am înțeles că rămânem împreună pentru copil, lucrurile s-au liniștit și ne-am văzut fiecare de treaba lui. Suntem prieteni, dar cam atât. Acum trec printr-un fel de proces de conștiință. Nu pot să iau o decizie, chiar dacă simt că sunt singură și că ceea ce ne mai leagă nu vine din interiorul nostru. Sau nu mai vine din interior, nu știu.

- Oamenii se dezvoltă diferit, parcurg etape, se schimbă, și nu de fiecare dată în favoarea relației lor, zise Mama.

- Da! continuă Soare. Și, iată, a venit o vreme în care mă simt vinovată, deși nu știu cu ce am greșit, zise ea, privind-o pe Mama. Mă simt vinovată față de mine, că nu-mi dau voie să fiu eu, și mă simt vinovată că, în același timp, vreau să fiu eu. Mă simt vinovată că gândesc așa. Am încercat să repar, dar nu mai am puterea să repar. Trăiesc o minciună. Și îmi e teamă de acea discuție grea care urmează.

- Ești sigură că nu e ceva temporar? întrebă Aura.

Soare continuă:

- Nu-mi dau seama, simt doar un fel de vid acolo unde ar trebui să simt dragoste. Să-i spun persoanei cu care am împărțit totul că nu o mai iubesc e o treabă tare urâtă.

- Am trecut și eu prin asta, zise Mama. Așa e, nu e nimic elegant într-o astfel de discuție. Dar ea fie se petrece, fie e amânată la nesfârşit.

- Nu ne mai leagă decât copilul. Iar copiii nu înţeleg. Ei au mamă şi tată, şi aşa trebuie să rămână lumea lor!

- Te contrazic, interveni Mama. Aici greşesc cei mai mulţi. Copilul va înţelege, dacă tu simţi că e drumul cel bun. Nu-i va fi uşor, desigur, dar atâta timp cât o faci să înţeleagă că nu e vina nimănui şi că tatăl ei va rămâne tatăl ei, iar ea îl va putea vedea oricând, lucrurile vor fi mult mai simple decât îţi imaginezi.

- Cum ar putea înţelege ea faptul că alegi să stai cu un om numai cât eşti fericită? Nu e egoism? întrebă Soare.

- Stai cu un om atât timp cât amândoi aveţi aceleaşi valori şi luptaţi pentru aceleaşi lucruri, îi răspunse Mama.

- Poţi lupta pentru aceleaşi lucruri şi dacă eşti nefericită, nu?

- Nu prea. Când sunt nefericiţi, oamenii încep să-şi dorească lucruri diferite. Oricum, să ştii că o să ţi se pară mult mai uşor după despărţire decât îţi imaginezi acum, înainte de ea. Iar fetiţa ta trebuie să ştie că e cel mai iubit copil şi aşa o să rămână! Mama e mama şi tata e tata, acum şi oricând în viitor.

- A fost primul meu bărbat, reflectă Soare, cu ceva melancolie în glas. Am crescut împreună, am muncit împreună, am construit împreună. Însă toate acestea nu mai înseamnă nimic în prezent. L-am iubit enorm şi nu credeam că relaţiile pot fi atât de complicate!

- Te înşeală? continuă Mama.

- Nu cred. Eu nu l-am înşelat, zise Soare. Suntem o familie aparent perfectă. Cunoscuţii se pare că ne invidiază pentru ce avem, pentru că ne avem unul pe altul.

- Ai probleme cu banii?
- Nu! Câştig mai mult decât el.
- Când crezi că a apărut ruptura? Şi de ce? întrebă Aura.
- De mulţi ani mă simt singură. Pentru că sunt singură. El petrece mult timp muncind, vine acasă noaptea. Şi în weekenduri se duce la birou. E acolo, nu îmi fac griji că ar avea pe altcineva, dar vine acasă obosit. De ani de zile. Mă găsea adesea frustrată, cicălitoare, pentru că voiam să mă răzbun. El voia să se odihnească, eu voiam să petrecem timp împreună, ca o familie normală. Cum ne-am dorit, cum ne-am imaginat. Voiam să ieşim la un restaurant, să vizităm prieteni, dar acum nu mai vreau nimic. Într-o zi, nu cu mult timp în urmă, a intrat în casă un hoţ. L-am văzut doar ieşind cu un laptop şi am încremenit. Dacă ar fi fost cea mică de faţă? Noroc că era sus, în camera ei. Atunci m-am simţit atât de singură! Am chemat poliţia şi aşteptând, m-am simţit a nimănui. Degeaba a venit şi el în grabă; am avut, după acel moment, nopţi întregi de nesomn. Îmi era teamă să cobor noaptea la bucătărie. Aşa că, nu ştiu cum să zic... nu mă pot mulţumi cu jumătăţi de măsură! Şi nu se poate repara nimic. Ce a fost şi ar fi trebuit să crească în inimile noastre, s-a stins. S-a pierdut.

- Dacă ar fi stat mai mult pe acasă şi aţi fi avut timpul acela de petrecut împreună, ar fi fost de-ajuns? întrebă Linda.

- E o întrebare grea, răspunse Soare. Poate că încă nici eu nu ştiu pe de-a-ntregul ce s-a întâmplat. Dar, în principiu, nu vreau să fiu soţie de duminică. Poate că da, sunt egoistă, și nu m-am întrebat cum îi este lui, dar casa noastră, oricât de plină de lucruri ar fi, mi se pare mult prea goală, lipsită de râsete, de îmbrățișări. Suferința mea nu are o formă clară, ci e o stare pe care am ajuns s-o trăiesc din ce în ce mai des. Dar mi-e greu să iau o decizie care să schimbe lucrurile și să-mi întoarcă viața pe dos.

- Nu-ți fie teamă, căci nu ești singura care gândește așa! Mulți oameni se duc astfel înainte, într-o barcă fără pânze, așteptând să ajungă la mal, o încurajă Mama. Dar e un miraj, o nălucă, pentru că malul nu se apropie, ci se îndepărtează cu fiecare zi în care alegi să stai în barca suferinței. Uneori suferim pentru lucruri trecute demult, lucruri care nu mai există. La tine, însă, durerea e prezentă mereu. Aș vrea să te întreb, ce simți în plan fizic? Corpul tău cum se manifestă?

Soare tăcea privind în gol.
- Soareee! o strigă Linda.
- Aici sunt, zise ea tresărind.
- Corpul tău cum se manifestă?
- Oh, Doamne! Sunt atât de obosită! Mă dor toate și nu mai am putere, dar nu pot să cedez! Am patruzeci și cinci de ani și sunt singură cu un copil, chiar dacă aparent suntem doi adulți și un copil. Și nu mai e deloc ca atunci când eram singură la douăzeci și cinci de ani și fără copil. E cu totul altceva. Mi-am trăit viața greșit?

Mama interveni din nou:
- Gabriel crede că adesea trăim cu speranța că într-o bună zi ne vom întoarce la inimile noastre. Unii ne-am întors, alții suntem pe drum. Ce a fost greșit, aici și-ar putea găsi rostul - în ascultarea inimii. Tu ți-ai ascultat inima când l-ai iubit pe soțul tău. De ce să n-o asculți și

acum, când nu-l mai iubeşti? Timpul e limitat. La fel şi energia. La fel şi sănătatea.

- Cred că îmi lipseşte curajul, deşi mă simt îndreptăţită să fac ceea ce simt. Nu mă întreba de ce, răspunse Soare frecându-şi fruntea.

- Dacă devii conştientă de ceea ce trăieşti şi de faptul că timpul e scurt, atunci poţi trece peste limitele pe care tu însăţi ţi le pui. Dacă îţi e teamă să te gândeşti la ceea ce se întâmplă, dacă îţi e teamă de adevăr, atunci vei trăi în minciună până la final. Eu cred că relaţiile sunt ca nişte lumânări care ard până la un capăt, unde rămâne doar ceară. Sunt unele care sunt rare şi par să ardă la nesfârşit. Dar bătrâneii aceia care se ţin de mână pe strada, real sau în filme, nu o fac neapărat pentru că se iubesc, ci pentru că au rămas împreună într-un moment în care ar fi putut să n-o facă, şi acolo, atunci, mâna celuilalt e singura de care se mai pot apuca.

- Să ştii că şi eu mă gândesc uneori şi ştiu că mă mint! Simt că nu funcţionează nimic, dar nu pot face pasul! Nu pot face pasul! Mă simt singură, sunt nefericită şi ştiu că negarea mă ţine într-o vibraţie joasă. Şi sunt ani de zile de când tot simt că am murit, zise ea amărâtă. Dar am un copil!

- Povestea ta mă duce cu gândul la sindromul broaştei fierte. Înţelegi ce spun, nu? o întrebă Aura.

- Cred că da!

- Vreau să zic că rămâi pe loc şi te obişnuieşti cu ceea ce te omoară. Dacă nu înţelegi că se îngroaşă gluma, o să sfârşeşti cel puţin opărită. Iar dacă nici el nu schimbă lucrurile, vă veţi opări amândoi. Copilul simte! Copilul ştie tot ce se petrece!

- Eşti prizonieră în mintea ta! concluzionă Licurici.

Omul de lângă tine trebuie să te inspire şi să-ţi facă viaţa mai bună, altfel nu are sens.

- Sunt prizonieră în propria-mi relaţie! Aş vrea să fiu fericită şi singură! Nu înţeleg unde am greşit. Înainte puteam sta împreună fără să vorbim şi nu ne plictiseam. Acum vorbim şi parcă am fi doi străini.
Soare îşi analiza singură relaţia, cu voce tare.

- Nu ştiu cu ce ai greşit, ba chiar cred că nu a greşit nimeni cu nimic, dar ştiu că, atunci când tu nu eşti fericită, nici copilul tău nu e fericit! îi zise Mama apăsat, ca şi cum ar fi dat un verdict. Mai întâi ai nevoie să fii tu fericită şi împlinită, ca apoi să poţi oferi copilului o viaţă mai bună. Dacă nu te simţi bine, dacă nu ai inima plină de bucurie, nu poţi oferi nici altuia. O inimă tristă e o inimă ocupată. Nu are loc pentru atât de multă frumuseţe care ţi-ar putea umple viaţa. Cu ce îţi ocupi timpul liber? Ce îţi place să faci?

- Nu am mult timp liber!

I-am remarcat tristeţea din ochi încă din prima zi, dar abia acum am înţeles-o.

- Şi atunci cum de ai reuşit să vii? o întrebă Robert.

- Prietena mea, Dana, m-a convins să vin. A fost şi ea aici. Soţul meu a înţeles. Mi-am luat concediu, pentru că, efectiv, eram atât de căzută, încât nu mai ştiam ce să fac. Uneori am nevoie de o vorbă bună, atâta tot, şi iată că am găsit-o într-un loc străin. Cu câteva zile în urmă, nici nu vă cunoşteam.

Daniel era curios:

- Şi acum? Ce îţi doreşti acum? Ce speri de la viaţă?

- Sper să-mi regăsesc echilibrul! Echilibrul între ceea ce simt şi ceea ce se petrece în exteriorul meu. Să mă regăsesc pe mine, pentru că m-am pierdut pe drum.

Când mergem la vreo nuntă și văd mirii, îmi spun că deasupra lor plutește un nor al eșecului. Arderea lumânării, ce spunea Mama mai devreme! Deși, părinții mei erau pentru mine un model, zise ea schițând un zâmbet, apoi se opri și privi în sus, parcă încercând să-și amintească despre ei.

S-a lăsat un val de liniște peste toți, apoi cea mai dură întrebare a venit de la Onix. Și-a îndreptat încet spatele și și-a adus peste umăr părul împletit și legat la capăt cu un elastic cu puf roz.

- Ai un copil, dar ce ai spune dacă fetița ta ar urma calea ta și ar trăi exact la fel? Ea vede doar ce îi arăți, tu ești primul ei exemplul. Îi arăți că așa se face, să stea într-o relație, în nefericire, pentru copil. E lecția pe care i-o predai, doamnă profesoară!

Soare și-a înghițit restul cuvintelor. Ochii îi erau umezi și, prin câteva mișcări tremurate ale buzelor, părea că se forța să nu izbucnească în plâns.

- Ce i-ai spune fetiței tale peste ani, dacă s-ar afla în situația ta? repetă Onix, ca și cum ar fi împins pedala de accelerație la podea. Iartă-mă dacă e dureros ceea ce-ți cer. Intenția mea e sinceră și vreau să te ajut.

Mama s-a ridicat domol de pe fotoliul ei și ne-a zâmbit, făcând câțiva pași către Soare și luând-o în brațe.

- Haideți să mergem să ne mai gândim și să ne revedem mai târziu! ne îndemnă ea, iar Soare, ca un copil doritor de dragoste, oftă ușurată în îmbrățișarea Mamei.

M-am ridicat, îndreptându-mi spatele și trosnindu-mi oasele, apoi m-am dus către ușă. Frunză, după câțiva pași mari, a dispărut și el printre rulote.

Mai târziu ne-am revăzut, cum bănuiți, dar tot în șură, pentru că afară încă ploua. Și tot în ploaie urma să se termine ziua. Am povestit despre Soare și despre relații, iar concluzia finală părea că nu putea fi alta decât despărțirea. Ea încă nu venise. Robert încă nu bătuse clopotul să o cheme. Dar era previzibil, nu? Ce nu e previzibil acum urmează... Soare dispăruse chiar atunci când trebuia să vină la întâlnirea din șură în ziua dedicată ei. Nu avea de ce să plece pentru că pentru ziua ei venise în tabără. *Să nu fi făcut față?* mă întrebam. Oricum, am stat prea mult așteptând-o!

- Nu e nicăieri, dar lucrurile îi sunt în cort, zise Robert, dându-și gluga de la pelerina udă pe spate și închizând ușa în urma lui.
- Nu cred că e departe, oftă Gabriel.

Ploua prea tare pentru orice fel de plimbare, dar Gabriel și Linda au șușotit ceva, apoi s-au ridicat.

- Plecăm să o căutăm! Ne putem aștepta la orice, zise în grabă Gabriel, deschizând imediat dulapul de lângă intrare din care a scos pelerine de ploaie, împărțindu-le celor care aveau nevoie.

După câteva minute, o strigam cu toții prin pădure. Alunecam pe alocuri pe pământul mocirlos, în mersul nostru către nicăieri.

- Soare!!! țipa Mama din vale.

Robert o striga în fața noastră, iar câțiva care se aflau pe o altă cărare mai sus, o strigau și ei.

Atunci am înțeles cât de sensibile erau temele discutate și durerile unora dintre noi. Oare ce se petrecea în sufletul acestei femei? Pe când ne afundam în pădure, m-aș fi mirat tot mai puțin să o fi găsit

spânzurată într-un copac. Și așa am înaintat prin ploaie, până când l-am auzit pe Alex de pe cealaltă cărare:
- E aici! Am găsit-o!

Sub un copac, Soare își ținea genunchii strânși la piept și plângea, udă din cap până în picioare, până la piele. Dar toți eram umpluți de noroi și curgeau apele de pe noi. Mama ne-a trimis înapoi în șură și, după vreo cincisprezece minute, a venit și ea, dar singură.
- Soare e în cortul ei, zise. Am vorbit cu ea și e în regulă. Vine în câteva minute.

Dificilă zi, mi-am spus. Îmi plăcea liniștea și nu doream să mai deschid gura. Mi-am notat câteva idei pentru ea. Dar nu i le-am spus. Mă gândeam să-i povestesc despre o cunoștință trecută prin divorț. Dar ce mai conta?! Și voiam să-i spun despre un prieten speriat de boli, care mereu își făcea analize, iar după ce a divorțat, i-au trecut toate. *Soluția e la tine. Tu știi ce vrei, și cu siguranță că știi, cu atât mai mult, ce nu vrei!* mă gândeam eu. Desigur, probabil că sunt unii care se îmbolnăvesc după divorț, așa că am tăcut. Puteau să-i spună Mama, Gabriel, Linda și restul, ce voiau ei, pentru că au văzut și auzit multe. Dar nu știam dacă aveau să-i mai spună ceva în aceste condiții...

Soare a intrat în șură după Alex, cu pași mici și cu capul plecat. Așezându-se într-un colț de canapea, lângă Mama, și-a cerut iertare. Pur și simplu a vrut să stea singură.
- Începem? o întrebă Mama.
- Da, sunt sigură! zise Soare, care nu părea să fie în apele ei.

- Putem lua o pauză oricând, iar dacă vrei, ne putem opri de tot. Sau putem vorbi în particular, continuă Mama.

- Nu! E chiar un moment potrivit să fiu aici!

- Atunci, să vedem, cine mai are ceva de spus? întrebă Mama.

Linda a reînceput discuția de mai devreme:

- O să-ți spun mai multe, iar la final întreabă ce vrei și lămurim ce nu ți-e clar. Așadar, stresul te ajută și te apără. Stresul pe termen scurt - venit dintr-o sperietură. Dar stresul acesta adunat în ani de zile, durerea, teama și nefericirea care deja curg prin gândurile tale de atât de mult timp – înseamnă boală! O boală de care poți scăpa numai și numai dacă schimbi mediul în care ea s-a dezvoltat. Ai un mare noroc. Cel puțin așa înțeleg eu. Soțul tău e calm. În alte asemenea cazuri, femeile nu pleacă. Rămân, cu credința că astfel asigură un cămin pașnic copilului. Chiar și așa, îți e tare greu, se înțelege. Uneori te legi de cineva sau de ceva ca să simți că aparții, că nu ești singură. Dacă nu ai fi legată de nimic pe pământ, ce ai căuta aici? Greu de răspuns, nu? Cum să poți accepta că ești singură în Univers? Ce cauți? Și atunci, pentru că e dificil să găsești un răspuns, te legi. Te-ai legat de cineva și cam atât. Iar acum aștepți să se întâmple o minune din afara ta.

Soare a tușit în palmă și apoi și-a îndesat mâinile în buzunarele bluzei.

- Nu mă simt destul de frumoasă! Mereu caut să mă machiez, să mă fardez. Pun pe internet poze modificate cu mine, editate, ca să par mai tânără. Anii trec și îmbătrânesc. Nu mai sunt frumoasă!

- Sau nu are cine să-ți spună că ești frumoasă și cauți

asta pe internet, în loc să o faci în realitate? Eşti frumoasă, nu mai vorbi prostii! Şi nu te scuza pentru nimic din ceea ce crezi tu că eşti. Eşti ceea ce crezi tu că eşti! îi confirmă Linda.

Soare, într-adevăr, arăta ceva mai în vârstă de patruzeci şi cinci de ani, dar era o femeie frumoasă. Îţi era drag să o priveşti şi să o asculţi.

- Dacă aţi şti... Stau şi plâng când nu mă vede nimeni. Mă simt goală pe dinăuntru. Merg în vizită la mama, dar nu vreau să o supăr şi atunci mă prefac că sunt veselă. Practic, nu am cu cine să vorbesc deschis şi nu ştiu dacă îl mai iubesc sau nu. Sau dacă l-am iubit vreodată! După o vârstă, nici nu cred că mai vrem iubire, doar pe cineva alături, să fie acolo, zise ea.

- Poţi supravieţui astfel, dar nu poţi fi fericită! Trăieşti doar ca să trăieşti, pentru că, poate, ţi s-a spus şi ţie, ca şi altora, că trebuie să mulţumeşti pe cei de lângă tine. Dar soţul tău? El te iubeşte sau te-a iubit?

- Nu ştiu! Nici măcar gelos nu e. Dar nici eu nu sunt. Sunt indiferentă. Chiar nu ştiu ce să mai cred. Totul s-a stins aşa cum se stinge un chibrit, care îţi arde degetele înainte.

- Tu ce-ţi doreşti de fapt? Să forţezi lucrurile sau să găseşti iubirea? continuă Linda.

- Un lucru mi-e clar. Vreau ca fetiţa mea să fie fericită. Eu nu mai contez. Dacă n-o aveam pe ea, cred că m-aş fi sinucis. Adică, mi-a trecut prin cap. Dar o am pe ea.

- Prostii! o certă Linda.

- Sau dacă nu o aveam pe ea, plecam demult, ceea ce pot face oricum şi acum, concluzionă Soare. Nu e ca şi cum aş pleca pe altă planetă.

- Exact! Ce rost are să te gândești la sinucidere? o întrebă Linda. Tu nu te pui pe primul loc, ceea ce e greșit. Mai întâi te salvezi pe tine - regula măștii din avion. Prima dată ți-o pui ție, altfel s-ar putea să nu ajungi s-o mai pui celuilalt și muriți amândoi. Sinuciderea nu e decât o moștenire grea lăsată celor dragi. Problemele tale nu se rezolvă lăsându-le celorlalți să le care pentru tot restul vieții lor. Nu te mai gândi la așa ceva!

- Am fost o proastă de la început! Eram singură și credulă. E ca naiba să fii singură!

Linda insistă:

- Încearcă, te rog, să îți amintești ce îți doreai la început, înainte de el. Și ar fi bine să îți pui câteva întrebări ca să înțelegi și mai clar ce se întâmplă în relația ta.

- Ca de exemplu?

- De exemplu, *Relația mea mă face să mă simt bine cu mine însămi?* sau *Cum ar arăta viitorul meu fără el?*

- O să mă gândesc! Dar de fapt știu - nu mă simt plină de energie alături de el. Și se pare că nu îmi e dor de el! E ca și cum se rupe ceva în mine când mă gândesc... Dacă nu am reușit să facem lucrurile să meargă fiind cine suntem, e greu să cred că am mai putea salva relația schimbându-ne de dragul încercărilor. E clar, lucrurile nu funcționează! Nu dăruim, nu primim afecțiune unul de la celălalt, nu simt bucurie și nici vreun sentiment cald când sunt cu el. E rece între noi și în jurul nostru. Mai degrabă, mă simt eliberată departe de el.

- E greu ca naiba, dar ce alegi? Rămâi într-o relație nefericită care îți dă peste cap viața și valorile, ori vă asumați împreună să treceți peste, având șansa ca fiecare dintre voi să aveți o altă relație, una normală, funcțională, frumoasă. Poate că îți simți sufletul gol acum, ca o fântână în care răsună ecoul atunci când cobori găleata la fund. Dar nu uita ce îți doreai la început, încheie Linda.

Și Soare a început să povestească ce își dorea la început, privind în sus și imaginându-și o relație ideală, ca un film de dragoste pe care eu l-am și numit *Miere întinsă pe o felie de zahăr caramel, presărată cu stropi de sirop*. Nu există așa ceva! mi-am spus. Dar chiar atunci, Aura, strălucind de fericire, îl luă pe Alex de mână și spuse privindu-l:

- L-am găsit întâmplător, pentru că nu eram ocupată. Trăim exact ceea ce povestești tu! Nu eram ocupată, ci aveam loc pentru el, așa l-am găsit, repetă ea, iar Alex o sărută pe obraz și o strânse tare către el. Părea că pentru asta trăiește.

Au trecut câteva ore povestind, cu și fără Soare de față, și mi s-a părut că am ajuns de unde am plecat. În pădure nu ne-am mai dus, pentru că vremea nu ne-a lăsat. Numai Tigru s-a apucat să facă sport, înainte de masă - probabil că îi lipsea mișcarea fizică. Când își făcea încălzirea, ba își ținea palmele deschise una către cealaltă, lovindu-și încheieturile între ele, ca o focă, ba își lovea genunchii și arăta ca o broască țestoasă. Apoi o luă la fugă prin pădure, iar eu l-am pierdut din ochi, privind în urma lui pe fereastra șurii. A plouat tare și mult, și chiar dacă s-a oprit, pământul era prea ud ca să stăm afară. Am făcut, totuși, jocul îmbrățișării în șură. Ne-am îmbrățișat pe rând, unii cu ceilalți, fără grabă și fără să ne batem pe spate în semn de salut. Doar respiram profund, deodată, astfel încât să ne simțim burțile. Când unul inspira, celălalt expira, ca un joc al valurilor, că altfel nu știu cum să-i spun. Frumos și unic. Un joc al împletirii, al apartenenței, al lipirii de oameni.

După zilele trecute, nimic nu mi se mai părea ciudat, ci luam totul ca fiind o experiență de care nu mulți pot avea parte.

Seara, înainte de meditație pe tema *Care sunt valorile mele?*, Aura a aprins lumânări peste tot în jurul focului din șemineu, care dansa într-un joc de lumini și umbre.

Linda vorbea cu Soare în șoaptă, în timp ce se juca cu flacăra unei lumânări:

- Care crezi că ar fi soluția?
- Aș putea începe prin a vorbi la trecut despre relația mea toxică. Să-mi imaginez că s-a întâmplat cândva demult. Adică să mă rup de ea mental. *Fosta mea relație!*
- Fuga e o iluzie, îi zise Linda. E un tobogan alunecos. Fugind, te lovești de oglindă. Nu te opune, pentru că nu te poți opune. Ceva adânc te cheamă să rezolvi situația și să lași lucrurile rezolvate. Și dacă vrei să plângi, plângi. E ok!
- Nici un duhovnic, nici un psiholog, nici o terapie de cuplu nu va mai putea reporni scânteia aceea. Poate că nici la început n-a existat, zise Soare cu pumnii strânși.

Au stat împreună pentru binele copilului. Mai bine s-ar despărți pentru binele lui, mi-am spus.

Linda se așeză lângă ea și îi puse o mână pe umăr ca

să-i atragă atenția:

- Sfatul pe care pot să ți-l dau eu e acesta: un lucru pe care nu-l faci cu toată inima, nu-l mai fă deloc, pentru că tot ceea ce ai de făcut în viață ține de inimă. Să faci ce simți și să trăiești real. Sigur, asta implică forță, energie, curaj... dar e viața ta. Trăiește-o!

TIMP

Ziua 7

CERUL SENIN ȘI CÂNTECUL PĂSĂRILOR puneau premisele unei zile plăcute în tabăra din pădure. Așezat sub un copac, priveam hornul șurii din spatele cercului de rulote, suficient de aproape încât să aud clopotul și să ajung la foc la timp. Ceilalți meditau în șură. Țineam în mână caietul cu foi pline de mâzgăleli și ștersături peste idei notate de-a lungul zilelor petrecute în tabără. Îmi reciteam cele câteva rânduri rămase dintr-un întreg text gândit și răzgândit în zilele precedente.

Am slăbit în ultima săptămână, pentru că nu mai mâncam deloc seara, ci doar înainte de ultimele activități ale zilei. Niciodată înainte de culcare. Îmi crescuse și barba. Nu o mai tăiasem de vreo două săptămâni, ceea ce mă făcea să mă simt ca un bătrân înțelept. Dar acum nu eram acolo să dau sfaturi, ci să îmi spun necazul și să primesc ajutor, pentru că venise ziua mea.

Ecoul clopotului se lovea de copacii din jurul meu,

iar inima îmi bătea mai tare. Cu cât se apropia momentul, cu atât o simțeam bătând mai dramatic. Mă aflam în centrul atenției întregului grup. M-am dus către ceilalți, așezați în jurul focului și m-am trezit între Robert și Mama. Amândoi îmi transmiteau involuntar prietenie și pace. Gabriel bătuse clopotul și, după ce m-am așezat, a deschis discuția. Aura și Linda serveau ceaiul. Mi-am pus caietul pe genunchi și m-am prins cu mâinile de banca pe care stăteam, unde cine știe câți alții ca mine și-or fi spus poveștile lor de viață.

- E ultima zi și mâine veți pleca acasă. Haideți să vedem ce are Timp să ne spună, zise el.

Și cu asta, Gabriel și-a înfipt cana de ceai într-unul dintre mânerele scaunului lui pescăresc, în suport, și-a pus mâinile pe picioare și s-a uitat în jur, oprindu-se, în sfârșit, la mine.

- Mă bucur mult că sunt aici, le-am spus, privindu-i roată pe cei rămași. După ce m-am întors din Londra, m-am mutat în sat, iar în tabără am ajuns datorită unui prieten. Chiar dacă nu locuiesc departe, locul acesta mă surprinde. Ceea ce faceți voi e extraordinar! Dar să vă spun ce am pe suflet, așa cum ați făcut-o și voi în zilele trecute. Omul, oricare ar fi el, are temeri și griji, e clar. Temerile și grijile noastre sunt de multe feluri și pot fi la fel de dureroase sau de stresante, chiar dacă ele nu par a fi egale. Așadar, poate că vă e cunoscut sentimentul acela de teamă că ați putea rata ceva. Senzația că trebuie să vă grăbiți ca să nu rămâneți pe dinafară... Mie nu-mi ajunge timpul și nu mă bucur de lucruri pentru că știu că ele, oricât de bune ar fi, se vor termina. Asta de când a murit mama. Nu mă bucur de un lucru minunat, pentru că sunt conștient că se va termina. Mi-am dat seama în zilele trecute că teama asta mi-a afectat toate relațiile. Am evitat să iubesc prea mult, pentru că îmi era teamă să nu pierd pe cine iubesc. Apoi, am muncit mult, am strâns bani și, totuși, nu e destul. Teama de a pierde pe cineva drag și lipsa de timp îmi iau fericirea. Aș vrea să nu mai fie noapte ca să fac mai mult. Nu neapărat bani, dar lucruri. Vreau să construiesc orice, cât mai trainic. Și ar mai fi una: fumez prea mult.

Și m-am oprit.

- Zici că ai stat în Londra în ultimii ani. Cum te-a schimbat statul acolo? mă întrebă Alex.

- Am învățat multe, dar energia mea s-a concentrat masiv pe acumulare. Unele locuri mi-au rămas în minte pentru toată viața. O2 Arena de exemplu. Eu, un copil dintr-un mic orășel, mă aflam în centrul unei adunări de zeci de mii de oameni, iar pe scenă cânta Andrea Bocelli. Mă întorceam în toate părțile să văd miile de luminițe de telefoane - o imagine de neuitat. Dar eram singur. Singur, într-o mare de suflete. În schimb aici, cu voi, mă simt atât de... împreună - dacă pot să zic așa. Oricum, am muncit mult în Londra, am făcut școală în zile libere și weekend-uri. Ani de trai în alertă.

- Și nu mai poți renunța la modul de alertă? L-ai adus cu tine? continuă Alex.

- S-ar putea, dar ceea ce facem aici nu poți găsi în Londra, i-am răspuns, pipăind aerul cu degetele.

- Deci e o schimbare, nu mai ai viața aceea.

- Nu știu. Nu m-am gândit.

- Dar cu strânsul cum e? Strângi pentru mai târziu?

- Cred că da.

Intră și Linda în conversație:

- Mai târziu ce crezi că vei face cu ceea ce aduni? Știi jocul de-a pusul de pietre în echilibru... Uneori, ele cad și atunci poți pierde totul. Știi, nu?

- Știu, dar... Mama m-a avut numai pe mine. M-a crescut singură. Nu avea pe cine se baza. Eu am devenit *bărbat în casă* prea devreme, dar eram copil când ea a murit. Și de-atunci adun. Nu știu dacă vreau bani sau e doar un mod de viață.

Linda ne-a explicat despre FOMO (fear of missing out), frica de a pierde, de a rămâne pe dinafară, de a fi exclus. Și una dintre soluții, spunea ea, este implicarea în cât mai multe activități care să ne facă mai recunoscători pentru ceea ce avem. Mi-am dat seama ca sfatul nu era doar pentru mine, iar discuția s-a lungit prea mult și, în final, am ajuns la subiectul *fumat*. Am vorbit atât de mult despre fumat, încât ne-am rătăcit cu vorbele, dar Mama ne-a readus la tema discuției:

- Nu mai înțeleg nimic, zise Mama. Haideți să revenim!

- Cu ce te ocupi? mă întrebă Soare.

- Scriu cărți.

- Grozav! Cum ai început?

- Într-o zi m-am apucat să scriu pur și simplu. Și am scris în fiecare zi. Abia câteva luni după aceea, mi-a trecut prin minte că ce-am scris putea deveni o carte. Au trecut ani de atunci. Sigur, aș putea vorbi mult despre scris. Chiar și ce facem acum poate fi pus pe hârtie. Locul în care ne aflăm, zilele de tabără, fiecare dintre noi, rulotele, șura... Un subiect foarte bun de carte. Ba chiar de film.

- Ce titlu i-ai pune? întrebă Daniel făcând ochii mari.

Mi-a luat ceva timp să mă gândesc.

- Poate că... FAGUL CEL MARE. Sau mai degrabă SENS, pentru că asta e ceea ce căutăm cu toții.

- Sună bine ambele! Întrebarea e dacă ai face asta pentru toată viața? Ai vrea cu toată inima ta să fii scriitor pentru restul vieții tale? Vorbim despre lucruri mari, nu despre a-ți câștiga pâinea. Vorbim despre sensul vieții tale!

- Acum simt nevoia să scriu, dar nu știu dacă o să mai simt așa și peste zece ani. În fiecare clipă ne schimbăm, nu? Faptul că sunt aici mi-a schimbat deja viața, doar văzându-vă și vorbind cu voi. Nu cred că, odată întors acasă, voi fi același om venit în urmă cu o săptămână. Dar da, sensul vieții... Nu știu ce să zic. Până acum m-am concentrat pe acumulare.

- Nu e nimic rău în a acumula, zise Mama. Însă nu trăiești ca să acumulezi, ci acumulezi ca să trăiești. E o mare diferență între cele două abordări. Am cunoscut mulți oameni. Un om de afaceri a ajuns în mare belea din cauza faptului că viața lui, familia lui, prietenii și orice pasiune avea el, au căzut pe locul doi. Relația lui era praf și pulbere și îl făcea extrem de nefericit, dar trăia ca să facă afaceri și cu greu a accept că invers ar trebui să stea lucrurile. A înțeles, până la urmă, că poți cheltui timpul tău ca să aduni obiecte și bani, adică vei avea totul și, de fapt, nimic după o viață întreagă. La finalul vieții, nu te vei gândi nici la momentele în care ai câștigat o tranzacție, nici la mașinile pe care le-ai avut, ci la cei dragi ție și la câteva clipe pentru care ai trăit o viață întreagă. Momentul acesta ar putea fi unul dintre ele. De ce nu ai face-o cât încă e timp? Apoi, mai e și stresul venit din toate cele adunate. În concluzie, trebuie să muncești pentru fericire cum muncești pentru bani. Sau să renunți și să te predai fericirii.

- Eu sunt stresat pentru că nu-mi ajunge timpul, oriunde m-aș afla. Am atâtea de făcut încât aș vrea ca nopțile să dispară pentru totdeauna!

- Și fumezi. Fumatul excesiv devine o nevoie din cauza stresului sau a unei traume, îmi explică Daniel. Te-ai gândit la ce ți-a dat fumatul în acești ani? Cu ce te-a ajutat?

- Am fumat destul. Vreo 15 ani, i-am spus, fără să răspund pe de-a întregul întrebărilor lui. Nu voiam să recunosc că fumatul e un lucru nefolositor.

- De ce ai venit la țară? mă întrebă Mama.

- Am făcut-o împotriva tuturor! Am ales drumul meu, după ce am cunoscut niște tineri care trăiesc la munte și am simțit că asta vreau și eu să fac. Nu-mi pare rău, cred că am făcut cea mai bună alegere venind la țară.

- E un lucru mare să răspunzi chemărilor din interior, spuse ea.

- Te iubești pe tine? întrebă Linda, iar eu m-am simțit bruscat, deși ea a vorbit cu blândețe.

Greu de răspuns! Nu m-am gândit la așa ceva vreodată. N-am reușit! Discuția ce a urmat ne-a purtat direct la micul dejun, apoi s-au adunat și au vorbit despre mine.

Eu m-am plimbat un pic, pentru că vremea bună nu mă trăgea nicicum către cort. Eram relaxat și mulțumit după ce s-a încheiat prima întâlnire, pentru că îmi era mai greu să comunic ceea ce aveam de spus, decât să primesc sfaturile lor. Acum nu aveam decât să aștept.

Desigur, nu a durat prea mult până să aud clopotul. Gabriel m-a așteptat sub clopot și ne-am dus împreună lângă foc, acolo unde ceilalți erau deja așezați.

Gabriel se porni primul:
- După cum înțeleg eu lucrurile, îți lipsesc obiceiuri care să te ridice și să îți îmbunătățească viața. Dacă ai fumat 10 țigări pe zi, zise el, ridicându-și ochii către frunte și făcând un calcul lung, în zece ani - 36 de mii de țigări. Dar probabil că ai fumat uneori mai mult. 36.000 x 5 minute... Gabriel socoti în gând. Înseamnă vreo 18 mii de minute. A mai calculat o dată. Socotesc că, în zece ani de zile, ai petrecut multe zile, dacă scădem orele de somn, trăgând fără oprire fum în plămâni. Luni de zile, minut cu minut, fumuri peste fumuri, trase în plămâni, în loc de aer curat. Cu ce te-a ajutat? Nici nu contează! zise el. Te gândești de ce fumezi? Acolo e de săpat. Dacă te ajută, fă-o în continuare! Nu fumatul e necazul, deși nu e sănătos, ci cauza legată de stres. Ce te împinge să fumezi?

Am notat pe carnețel câte ceva din vorbele lui și i-am mulțumit printr-un gest.

Aura spuse și ea:
- Fă o listă cu tot ce îți consumă timp sau șterge direct, de exemplu, de pe telefon unele aplicații. Lasă-le doar pe acelea utile. Cu siguranță mai sunt și altele. Nu te mai gândi la a parcurge zece kilometri, ci la unul câte unul și la destinația finală. E de preferat să ai o țintă cu bătaie lungă, sau chiar două, dar să-ți faci și planuri pentru prezent și viitorul apropiat. Lucruri aparent mărunte. Și fii conștient că lucrurile sunt trecătoare, dar nu și sufletul. Sufletul... toate religiile spun că e singurul lucru nemuritor. Trebuie să te conectezi mai mult la momentul prezent. Sufletul e mereu în prezent.

Linda, psihologul de serviciu, avea și ea ceva de adăugat:

- Zici că vrei să construiești lucruri solide, în special materiale, care crezi că nu se vor pierde! Poate că ceea ce faci tu vine din teama de singurătate. Îi spune autofobie, sau monofobie, și se poate întâmpla adulților care au fost abandonați în vremea copilăriei lor. Sau care au pierdut un părinte. Și pot ajunge în relații care să le facă viața un calvar - chiar ieri vorbeam cu fetele despre asta în timp ce găteam. Iar tu ești singur.

- Sunt singur, am șoptit.

- Frica de singurătate e naturală până la o limită, iar tu pari a fi destul de echilibrat, zise ea.

- Nu știu dacă sunt echilibrat. Îmi folosesc prea mult energia pe a construi.

- Construirea unor lucruri trainice îți dă sentimentul că nu totul e în zadar, iar asta te ajută să rămâi în echilibru. Bucură-te și apreciază momentele bune, chiar dacă știi că ele trec!

- Managementul timpului! schimbă Daniel discuția, după o pauză lungă. Managementul propriului corp și al minții tale! Ești un bun manager sau nu? întrebă el, dar nu așteaptă un răspuns și continuă. Când poți gândi limpede și reușești să manageriezi mașinăria în care trăiești, atunci ajungi la potențialul maxim, ceea ce te ajută să folosești timpul și implicit viața, și să duci lucrurile la capăt, nu doar să le faci pentru a fi făcute. Uneori ajungi să trăiești și experiența căderii ca să poți să te ridici mai sus decât crezi. Adică, dacă ai trecut prin greutăți, ești în urcare, dar ca să folosești timpul tău, cel care ți-a mai rămas și care sper să-ți fie de ajuns, ai nevoie de o minte limpede - neafumată, neinundată de zgomote și toxine.

Tăceam, ascultam și notam.

- Dar fii atent, că lăsatul de un viciu și apucatul de altul se întâmplă frecvent. Mulți se îngrașă sau se apucă de alcool după ce se lasă de fumat, pentru că trenul cu griji nu a trecut! Motivul pentru care fumau e încă în mințile lor! Trenul e blocat în gară, spuse Daniel în continuare.

Apoi Mama:

- Și faptul că ești singur sau că nu ai avut o relație potrivită, ceea ce ni s-a întâmplat tuturor, cred, te face să plutești în derivă în unele aspecte ale vieții tale!

Purta din nou alți cercei, două frunze sculptate în lemn, care aproape că îi înțepau umărul atunci când își lăsa capul într-o parte.

- Dacă nu ai pe cineva căruia să-i spui ce vrei, fără oprelişti, cineva cu care să faci planuri și cineva pe care să iubești, e mai greu să reușești singur!

- Ar fi prea frumos să avem cu toții norocul sau inteligența de a ne trezi lângă cineva drag în fiecare dimineață, la nesfârșit! Numai că eu nu mă știu bucura de așa ceva, pentru că știu că se termină! i-am răspuns.

- Aici ai de lucru, zise Mama. Spuneai că îți e teamă să nu pierzi pe cine iubești și atunci nu iubești. Iar fumatul poate readuce bucuria copilului tău interior, un sentiment pe care ți l-ai reprimat cu mulți ani în urmă. Așa îl hrănești. Dar vei înțelege mai multe petrecând timp în tăcere și gândindu-te la ce se întâmplă în interiorul tău.

După ce au terminat cu sfaturile, am plecat cu toții în pădure. Ce credeți că am făcut în ultima zi de tabără ca ultimă activitate? Gabriel ne-a legat niște fulare în jurul capului, astfel încât să ne acopere vederea și ne-am pomenit, doi câte doi, luați de mână de cineva și duși în pădure. Exercițiu de încredere, după cum îi spunea el. Trebuia să ne ținem de cineva ca să înaintăm. Nu e simplu, după ce că nu mai știi unde te afli, trebuie să ai mare grijă să nu calci strâmb pe vreo piatră sau în vreo gaură de pământ. Și toată concentrarea se adună în două locuri: în punctul în care calci și în strângerea mâinii care te conduce pe drum. Pe mine mă ținea de mână și mă ghida o femeie, sunt sigur, deși nu am aflat cine era. Mama? Linda? Sau Aura? Simțeam mâna fină și moale a unei femei și aveam încredere să mă las ghidat de ea, pentru că mă ținea ferm. Ni s-a dat drumul la un moment dat și am rămas să mergem de unii singuri, legați la ochi. Apoi am simțit din nou cum mâna fină m-a apucat, la fel de strâns ca prima dată. Robert dădea mereu indicațiile, până când, în final, ne-am despărțit, fără să fi știut cine ne-a ținut de mână pe fiecare, iar când ne-am scos fularele, după ce ne-a pălit lumina soarelui de munte, ne-am trezit adunați sub un copac uriaș.

- FAGUL CEL MARE! ne arătă Gabriel, deschizând larg brațele sub minunea de copac care, cu siguranță, dăinuia de dinainte ca eu să mă fi născut.

L-am privit uluit. Părea scos din povești. Nu cred că vă puteți imagina cât e de mare, decât dacă ajungeți să-l vedeți. Parcă însuși Pământul s-ar fi ridicat prin el să vadă ce se întâmplă departe în zare. Gabriel ne-a așezat într-un cerc larg în jurul copacului, explicându-ne pașii următori:

- Faceți un pas în față dacă ați fost, vreodată,

oricând, abuzați verbal sau fizic!

S-au urnit și au făcut câte un pas în față Linda, Soare, Onix și apoi, cu greu, Frunză.

Gabriel a continuat:

- Faceți un pas în față dacă ați avut greutăți în familie, de exemplu, v-a murit un părinte sau părinții s-au despărțit, ori ați fost bolnavi când erați copii!

Am pășit în față, pe lângă o vatră de foc construită din pietre, odată cu Onix, Alex și Gabriel. Licurici și Frunză, parcă nehotărâți, au pășit și ei.

Și tot astfel, Gabriel a insistat:

- Faceți un pas în față dacă ați avut lipsuri materiale!
- Faceți un pas în față dacă ați suferit vreun șoc sau o traumă!
- Faceți un pas în față dacă ați suferit de o boală!
- Faceți un pas în față dacă ați avut părinți dependenți de alcool sau alte substanțe!
- Faceți un pas în față dacă ați muncit pentru bani până să deveniți majori!

Ne-am apropiat și ne-am luat instinctiv de mâini, ca într-o horă în jurul FAGULUI CEL MARE, unul dintre cei mai mari arbori din lumea mea.

Gabriel nu ne slăbea deloc:

- Închideți ochii și imaginați-vă rădăcinile FAGULUI CEL MARE!

Am închis ochii și mi le-am imaginat, ținând de mână pe Daniel la stânga și pe Soare la dreapta. Vedeam în minte rădăcini imense, înfipte adânc până în mijlocul Pământului. *Prin ele curge un fel de energie electrică...* mi-am spus și, totodată, îl auzeam pe Gabriel printre gânduri, ca prin vis:

- Rădăcinile FAGULUI sunt ca un izvor! Mari și

adânci, venite dintr-o sămânţă minusculă, au făcut ca FAGUL CEL MARE să crească atât de înalt. Oricâte vânturi au trecut pe aici, şi vă asigur că au trecut multe, el a rămas să facă umbră celor care au stat la baza lui, fără să ceară ceva în schimb. El, pur şi simplu, dăruieşte! Să vă amintiţi de FAGUL CEL MARE şi să ştiţi că avem lucruri mult mai importante de făcut în viaţă decât să rămânem rădăcini. FAGUL CEL MARE este viaţa însăşi!

Ar fi atât de greu să vă explic cum am înţeles instinctiv ceea ce în trecut citeam doar prin cărţi. *El nu cere nimic, doar e*. E atât de simplu. El este! Puteţi spune aşa, cu sinceritate, cu gura mare şi cu toată inima: *Eu sunt cine sunt!*

- Vino să vezi ceva, strigă Gabriel din uşa deschisă a rulotei lui, privindu-mă.

Am înaintat curios. Cine nu e curios să intre şi să vadă ce se află într-o rulotă, oricare ar fi ea? Orice rulotă transformă un om matur, aflat în faţa ei, într-un copil. Oricâte rulote ai fi văzut vreodată, tot ai vrea să vezi ce se află într-una nou apărută în faţa ta. Sunt ca nişte cutii cu cadouri. Sau ca şi casa unui melc. Când intri în ea, intri în intimitatea celui care o locuieşte.

Am păşit pe paletul din faţa uşii, apoi am intrat. Rafturile erau pline cu cărţi şi podeaua cu o grămadă de tablouri sprijinite de mobilier. Numai un loc de întins era liber, adică un pat scurt şi îngust, probabil pentru odihnă sau pentru citit, dar nu pentru dormit. Nu părea ca el să doarmă acolo, mai ales în acel miros greu de vopsea. Gabriel picta. Chiar avea un tablou în lucru pe șevalet – flăcările unui foc se transformau într-o cărare străjuită de copaci, iar la capătul ei se afla FAGUL CEL MARE, cred. Gabriel a deschis un dulăpior în care se ascundeau siguranțele electrice.

- Ce zici, e în regulă? Mi-e teamă doar să nu ia foc ceva.
- Stai liniștit, i-am spus. Aici ai 12 volți de la instalația solară și circuitele arată bine. Dacă rulota ar fi conectată la instalația din șură, ar fi mai complicat. Oricum, să vă puneți alarme cu senzori de fum. Sunt ieftine și foarte utile. Sună de te trezesc din cel mai adânc somn dacă sesizează orice dâră de fum, i-am zis.

S-a lăsat liniștea între noi și am dat să ies, dar Gabriel m-a oprit.

- Cum e?
- E bine, i-am zis. Doar alarmele de fum...
- Cum e tabăra? Cum te simți? mă întrerupse el.
- Ah, credeam că mă întrebi despre instalație. Mă bucur atât de tare că v-am cunoscut! E foarte bine! Dar sunt curios, pe tine ce te-a adus aici?

Gabriel s-a așezat pe canapea și a tras o gură mare de aer în piept.

- Înainte de a veni aici, m-am întrebat singur dacă vreau să trăiesc sau dacă vreau să mor. Și atunci, parcă n-am mai avut nimic de pierdut. Una dintre concluzii e aceea că trebuie să renunțăm la ceva sau să ne acceptăm așa cum suntem ca să fim fericiți. Ne-am încărcat cu prea multe relații toxice, cu prea mult alcool, cu prea multe din toate. *Vrei să ai o viață fără frici, fără emoții, fără depresie, fără greutăți? Serios?* - m-am întrebat. Și mi-am răspuns: *Încearcă la vreo mănăstire... Dacă nu, asumă-ți toate acestea și treci peste ele. Altfel o să*

mori înainte să fi murit!
- Nu cred că înțeleg!
- Inițial, stabiliserăm mai mulți venirea, atunci când am hotărât că vom sta câteva luni până să ne întoarcem la oraș, dar nu toți au putut să rămână. Desigur, mai plecăm pentru perioade scurte. Avem și noi treburi de rezolvat. Când nu avem tabere dedicate, vin prietenii noștri vechi.
- Și totuși, de exemplu Robert, de ce a venit?
- Robert și-a învățat lecția. A învățat să trăiască! Mama a avut o fiică, singurul ei copil, care a murit. Era logodnica lui Robert. Cu toții am trecut prin greutăți, dar pădurea ne-a salvat!
- Am zărit-o pe Mama adesea în preajma ta. Sunteți împreună?
- Avem o relație frumoasă de prietenie. Petrecem mult timp împreună și uneori, dacă nu sunt oameni veniți în weekend, plecăm. Mergem la teatru sau la un restaurant și pe te miri unde. Ne purtăm copilărește. Uneori dormim împreună, alteori separat - fiecare în rulota lui, dar ne oferim grijă și atenție. Mama e sufletul grupului! îmi explică el.

Între timp bucătarii noștri terminaseră de pregătit masa ca de sărbătoare, înconjurată de lumânări aprinse. Am mâncat în liniște, ca de obicei. Cel mai mult mi-a plăcut sosul de mere.

- Să revenim la discuțiile de astăzi, zise Gabriel, înainte să încheiem ultima zi de tabără, așezați din nou afară, în jurul focului.
Aura ridică două degete, ca la școală.

- Aş vrea eu să spun ceva.
- Dă-i drumul, i-a răspuns Gabriel şi i-a făcut şi un semn cu mâna să înceapă.
- Ne-ai spus că iți place să construieşti şi ăsta e un lucru bun. Dar, cum a zis şi Linda de dimineaţă, construcţia interioară e la fel de importantă, sau cea mai importantă. Faptul că ai înţeles că timpul e limitat îți poate folosi şi te poate ajuta să găseşti mai uşor sensul vieţii tale, dacă nu cumva l-ai găsit deja şi nu-ţi dai seama, zise ea. Şi dacă ai înţeles că e limitat, o să înveţi să-l dozezi, în loc să te laşi tras în vârtejul trecerii lui. Îl vei folosi pentru tine şi, poate, chiar pentru alţii.
- Putem ajunge să renunţăm la ceea ce facem greşit, atunci când simţim o chemare mai puternică din interior. Cred că, în interiorul fiecăruia dintre noi, răsună o chemare, zise Onix, parcă nesigură, încurcându-mi gândurile.
- Renunţarea e un semn, interveni Linda.
- Stai! Ne încâlcim în idei, i-am spus.
- Pe scurt, încearcă să te laşi trăit de viaţa ta în loc să forţezi lucrurile să se întâmple, îmi explică ea.
Interveni Gabriel:
- Lasă-te dus de val, dar alege valul! Alege valul care să te poarte prin viaţă şi lasă-te trăit.
- O să le înţelegi pe toate la momentul potrivit, adăugă Mama, zâmbind.

Am încheiat seara povestind vrute şi nevrute, întâmplări amuzante din copilărie, impresii din tabără şi câte şi mai câte, iar în final, Linda a scos un caiet şi mi l-a pus în mână:
- Haideţi să ne jucăm! E ultimul nostru joc în

formula actuală. Veți scrie câte un text scurt sau o idee de un rând, cel mult o strofă, dar pe pagini diferite. Următorul va vedea numai ce a scris precedentul.

- Pur și simplu, scriu ce-mi vine în minte? am întrebat-o, deschizând caietul acolo unde se afla un pix și cuvântul, scris de ea, cu litere de tipar: SENS.

- Ce simți tu, îmi confirmă Linda. Acesta e titlul tău!

Tăcerea din încăpere mă grăbea, dar mă concentram să rămân calm și să gândesc limpede, pentru că toți își așteptau rândul. Onix își atingea genele cu vârfurile degetelor, iar Tigru n-o scăpa din ochi. Gabriel stătea cu ochii închiși și cu capul lăsat pe spate. Mama își masa palmele și privea către fereastră. Nu părea să aibă emoții; probabil jocul nu era nou pentru ea. I-am privit pentru câteva clipe și apoi, într-un final, am scris pe foaia albă, gândindu-mă la SENS și la FAGUL CEL MARE:

A fost odată ca niciodată un copac atât de înalt,
încât ramurile lui se pierdeau adesea printre nori.

Am dat carnețelul către dreapta și a durat parcă o veșnicie de liniște și dans de lumânări până ca el să-mi revină din partea stângă, completat. Cu toții am scris câte ceva. Eram 13, fără Ocean și fără Radar, care dormea prelins pe podea. Unii se gândeau mai mult, alții clănțăneau din butonul pixului când le venea rândul. Soare chiar s-a înroșit la față când a primit caietul. Fiecare cred că voia să scrie ceva grozav în continuare. Mă gândeam că cine știe ce text amuzant urma să apară din acest joc. Îmi masam degetele privindu-i. Cred că eram atât de nerăbdător și pentru că fusesem primul. Faptul de a fi primul are avantaje și dezavantaje.

După ce am primit carnețelul înapoi, toți și-au întors privirile spre mine, așteptând.

- Să citesc? am întrebat, privind-o pe Linda.
- Sigur! zise ea, împreunându-și mâinile și făcând ochii mari.

Așa că m-am apucat de citit, rar și destul de tare, întorcând paginile cu grijă.

SENS

A fost odată ca niciodată un copac atât de înalt, încât ramurile lui se pierdeau uneori printre nori.

Pesemne că rădăcinile îi ajungeau până în inima pământului, de unde își aduna măreția și pulsul vieții.

Se visa tulpină, se unduia, dar nu era atât de fragil precum părea.

Ca-n viață, nimic nu e așa cum pare. Am zile în care mă uimesc gândurile-mi profunde, alte zile în care îmi găsesc cheile în frigider.

Și îmi transfer gândurile-n mâinile care, uneori, parcă și-au câștigat independența. Le las să câștige, sunt magice și îmi aștern un zâmbet pe chipu-mi mulțumit.

Iar în mâinile mele, pensula așterne pe pânză cele mai frumoase culori. Fără permisiunea nimănui, fără obiecții și fără regrete. Și uite așa redevin eu.

Însăși viața și-a mai colorat curcubeul inimii, privindu-mă.

Dar aveam senzația că ceva mă oprește să mă bucur până la capăt.

Până când am realizat că am doar prezentul.

Atunci totul a explodat pe loc în mintea mea.

Și am înțeles că totul merge întotdeauna spre bine.

Atunci când oamenii din jurul tău sunt împăcați cu sine.

...te afli în Rai. Dar cum ai ajuns tu aici? Te-ai împăcat cu Sinele Tău... de aceea îi recunoști. Îi recunoști pentru că ești ca ei.

M-am oprit din citit și am pus caietul pe genunchi - în aplauzele lor. Am aplaudat și eu. Povestioara noastra, poezia grupului nostru, s-a legat minunat. Am mai fi vrut, chiar Frunză zise, să facem una mai lungă, cu rimă. Dar era târziu deja și urma ultima meditație. Am recitit textul și am închis caietul. Eram tare mândri de noi.

Gabriel și-a pus o pătură peste picioare, ca de obicei, iar fetele au aprins toate lumânările. Părea că ne aflam într-un castel medieval, între atâtea sfeșnice.

Lumânările se topeau încet în tăcerea așteptării. Nimeni alta decât Mama ne-a rugat să închidem ochii și a început meditația astfel:

- Dragii mei, vă invit să găsiți răspunsul singuri, iar el să vă vindece, să vă lămurească și să vă trezească!

A sunat din clopoțel și, după o lungă vreme de așteptare, a întrebat rar și apăsat:

- *Care este sensul vieții mele?*

ANDY HERTZ

ÎNTOARCEREA

Ziua 8

ÎNCĂ RESPIRAM PE SUB COT, iar fața îmi era acoperită cu mâna, când am simțit că s-a făcut dimineață. Uitasem că mă aflam în sacul de dormit și încercam în zadar să-mi întind picioarele. Așa că am căutat fermoarul, și prin câteva mișcări scurte, am scos picioarele din sac și m-am întins pe diagonala cortului. Auzind clopotul, am deschis brusc ochii și mi-am strâns în palme fața să mă apăr de lumina puternică, imaginându-mi o spălătură zdravănă în pârâul din spatele șurii.

Pe ecranul telefonului clipea un mesaj. Au ajuns Abel și Nicole, noii voluntari. Mă așteptau. Mă aștepta și pachetul de țigări, am gândit eu.

Câțiva dintre noi aveau de străbătut drumuri lungi către casele lor, așa că ne-am înviorat strângându-ne lucrurile, în loc de meditația de dimineață. Mi-am spălat repede fața și dinții, iar micul dejun ne-a adunat în jurul focului, pe care Robert îl aprinsese deja. Aura pregătise ceaiul.

Gabriel rupse tăcerea după ce am terminat de mâncat cereale și de spălat bolurile metalice. Parcă zâmbeam cu toții și radiam mai multă lumină decât în prima zi.

- A venit ziua plecării, spuse el, privindu-ne roată, pe tonul unui profesor care tocmai anunța elevii despre ultima zi de școală, și ridicând sceptrul folosit în ziua venirii.

Chiar dacă locuiam în apropiere de ei și chiar dacă dorul de casă îmi dădea târcoale, îmi părea rău că se termina, pentru că pe unii dintre ei nu aveam să-i mai revăd. Plecau care pe unde, înapoi la viețile lor.

- Cine vrea să vorbească înainte de plecare? Cine are ceva de spus? repetă el, uitându-se la fiecare dintre noi în parte. Concluzii? Păreri? insistă el.

Funză ridică mâna și primi sceptrul îndată.

- Dragilor, am început primul, în prima zi. Primul sunt și acum, până când vom porni spre vale, când, sigur, o să fiu ultimul, spuse el râzând. Vreau să vă mulțumesc pentru aceste zile, unele destul de grele pentru mine. Am rezistat o săptămână fără zahăr, fără ciocolată, fără sucuri. Nu garantez că nu mă voi opri la magazinul din sat, dar am învățat o grămadă de lucruri și am înțeles multe despre mine. Aș vrea să ținem legătura, să ne revedem, spuse Frunză, plecându-și capul pentru câteva secunde.

Apoi întinse sceptrul și îl apucă Aura.

- Frunză! zise ea. Am lăsat un caiet pe masa din șură. Puteți scrie în el adresele de email și numerele de telefon, și faceți poze acelei liste. E simplu. Tot acolo veți găsi câte un pachețel personalizat pentru fiecare dintre voi, cu ceaiuri și plante culese în apropiere. Mi-a făcut plăcere să vă cunosc şi aş vrea să cred că aţi devenit mai înţelepţi şi mai fericiţi după această experienţă, încheie Aura, şi dădu sceptrul prietenului ei, Alex.

- Veţi găsi pe listă emailul meu, ne asigură el. Oricând veţi avea nevoie de un sfat medical, să nu ezitaţi să-mi scrieţi. Dar sfatul e una, consultaţia e alta, tratamentul e alta. La nevoie, vă voi recomanda medici specialişti sau clinici.

Urmă Onix. Şedea dreaptă şi se uita direct în foc, muşcându-şi buza de jos. A trebuit să fie bătută pe umăr ca să ia sceptrul.

- Visam, scuze, chicoti ea. Ăăăă, da! zise Onix oftând. Nu vreau să se termine! E atât de frumos. Am dormit buştean. Şi l-am cunoscut pe Tigru, zise ea, aruncându-i o privire caldă pe sub părul negru revărsat peste umeri, iar el îi zâmbi.

Era clar că s-au îndrăgostit pe bune.

- Sunt bine acum, mai bine ca niciodată, continuă ea. Aş vrea să trăiesc la ţară. Mi-am dat seama că sunt sătulă de oraş. De blocuri şi de birouri, se corectă ea. Pentru că, altfel, vor cădea prea multe zăpezi şi se vor topi fără să le văd, zise, şi dădu sceptrul lui Tigru al ei, care se lipise de ea.

- Pauza de la sport mi-a prins bine, dar sunt nerăbdător să reîncep. Nu ştiu cum vom face, şi se uită spre Onix, vom merge pe drumuri diferite şi va fi greu. Dar mai vedem noi până ajungem în sat, zise el şi râse. Îmi doream ca venirea în tabără să-mi aducă în viaţă ceva deosebit şi iată cu ce m-am ales!

Onix îl îmbrăţişă.

Soare primi sceptrul şi zâmbi, dar inspiră lung şi cu

calm înainte să spună ce avea de spus.

- Îmi e atât de dor de fetița mea, încât aș zbura până la ea, dar, în același timp, aș vrea să rămân cu voi pentru totdeauna. E o nebunie, un vis ce faceți voi. Probabil că unii nici nu m-ar crede dacă le-aș povesti.

Robert întinse mâna după sceptru.

- Mă bucur că v-am cunoscut și faptul că ați venit sper că v-a ajutat în cât mai multe feluri, zise el și dădu vorba înainte.

Licurici luase sceptrul și zâmbea cu gropițe în obraji. Își dăduse părul în spatele urechii când spuse:

- M-am simțit atât de... Aproape că am ajuns să uit de ce am venit. Dar îmi e clar! M-ați făcut să înțeleg că nu eu am o problemă, ci mediul din care vin nu mi se potrivește. Vă sunt recunoscătoare și vreau să știți că mi-ați schimbat viața!

Daniel primise dreptul la cuvânt:

- Mă bucur mult să vă văd zâmbind, e imposibil să vă ascundeți, zise el, iar în acel moment mi-am dat seama că și eu zâmbeam. Să vă fie de folos și să ne revedem cu drag! încheie el, iar Linda îl prinse de braț și fără să mai ia sceptrul, spuse:

- De multe ori mă întreb dacă ceea ce trăim aici e real. Mă uit în jurul meu și nu-mi vine să cred ce văd. Pace, oameni frumoși, zâmbete, natură... e... cum să spun, sună egoist, dar sunt atât de fericită, încât simt că explodez!

Realizam, privind acești oameni din jurul meu, că acolo, în mijlocul nostru, aveam mai mult decât puteam vedea. Râdeam și ne bucuram. Și partea cea mai bună a fost că Linda nu explodase. A rămas doar fericită. Iar eu m-am trezit cu sceptrul în mână.

- Viața mea e micul spațiu în timp din care mă bucur că faceți parte! E tot ce am și nu e puțin deloc. Vă aștept la mine oricând cu drag, am zis, și am dat sceptrul lui Gabriel, care devenise serios și își drese vocea:

- Tabăra s-a încheiat și mă bucur nespus că nu am avut parte de incidente neplăcute. Ați înțeles și singuri, dar vă spun și eu, că nu suntem terapeuți profesioniști și chiar am putea să scriem mare pe șură *Nu încercați asta acasă!* zise el râzând. Dar aici ați făcut, ca și noi de altfel, un lucru interesant. Nu doar că ați recunoscut necazurile voastre, dar le-ați și mărturisit unor străini, ceea ce, în mediul vostru colocvial ar fi fost imposibil. E un pas enorm de mare. În plus, ați stat aceste zile rupți de mediul vostru, anturaj, locuri de muncă, rupți de o lume uneori apăsătoare. Dacă ne-am descurcat sau nu în folosul tuturor, rămâne de văzut. Munca cea grea abia acum începe pentru fiecare dintre voi în parte. De câte ori vă veți simți copleșiți, aduceți-vă aminte de aceste zile.

A urmat un șir lung de mulțumiri.

Priveam cu drag oamenii pe lângă care, înainte, aș fi putut să trec pe drum fără să fi schimbat mai mult de un salut. Și mă întrebam dacă toți cei pe lângă care trecem de-a lungul vieții și nu le cunoaștem nici măcar numele, sunt de fapt și ei, în parte, câte un Frunză, o Onix, un Tigru, o Licurici, un Ocean, o Soare sau un Timp.

Gabriel continuă:

- După cum vă spuneam în email, aveți pe masa din șură bilețele cu un număr de cont și ne puteți sprijini printr-o donație, fiecare cât crede de cuviință. Dacă nu vreți sau nu puteți să faceți asta acum, nu se supără niciunul dintre noi. Nu vă va căuta nimeni să vă bată obrazul. Din punctul nostru de vedere, nici unul dintre noi nu are vreo datorie către ceilalți. Ne vom despărți prieteni, dar la fel de liberi ca și atunci când ne-am întâlnit. Mi-a făcut mare plăcere să vă ascult și să vă cunosc! Eu vă mulțumesc și vă felicit pentru curaj, zise Gabriel, așezându-se pe scaunul lui pescăresc, iar Mama luă sceptrul și vorbi ultima:

- Gabriel nu v-a spus despre plicuri. Aveți pe masa din șură câte un plic, pe lângă pachetele cu ceaiuri. În ele, câte unul dintre noi, pentru câte unul dintre voi, v-a scris ceva despre ce credem noi că ar trebui să faceți, ca să continuați ce ați început aici. Dar vă rugăm să le deschideți numai după ce ajungeți acasă și să nu vorbiți între voi despre ceea ce veți citi acolo. Sunt teme de casă personalizate. Oricât am vorbi, oricâte ne-am spune, oricâte sfaturi ne-am da unii altora, mai devreme sau mai târziu, pentru a avea parte de rezultate vizibile, trebuie să căutăm răspunsurile în interiorul nostru, fiecare dintre noi. Dragii mei, zise ea privindu-ne roată, eu vă iubesc ca și cum ați fi copiii mei! Nu uitați, inima nu minte! Ascultați mereu ce spun inimile voastre. Inima mereu îți spune ce drum să iei, iar dacă asculți încotro îți cere ea să mergi, nu poți da greș. Niciodată!

Niciodată, mi-am repetat în gând, când deodată chemarea ei m-a emoționat, retrezind în mine sentimentul unui bucurii copilărești:

- Cine vine să ne îmbrățișăăăm?

Avem nevoie de oameni în momentele grele. Avem nevoie de cineva în fața căruia să ne scoatem măștile. Care să ne iubească așa cum suntem. Și până când acea persoană își va găsi loc în viața noastră, nu putem decât să încercăm să dăruim noi iubire! Ne-am apropiat și ne-am îmbrățișat cu toții, ca în prima zi.

Mi-a fugit atunci gândul la Ocean. Aș fi vrut sa fie și el cu noi, să simtă și el ce simțeam eu, noi.

Am rămas îmbrățișați până când ne-am desprins într-un cerc, dându-ne mâinile și privindu-ne mândri unii pe ceilalți. Eram prieteni!

Ne-am dus apoi la șură și ne-am luat pachetele și plicurile. Eu mi l-am pus pe al meu în rucsac și plicul în buzunarul de la piept, în vestă.

Eram tare curios cine și ce mi-a scris acolo și eram sigur că îl voi desface înainte să ajung acasă. Dar tocmai când îmi trecea prin minte să trișez, Gabriel a venit să mă salute.

- Gabriel! Ca să nu uit, aș putea să știu despre donație, o sumă, cam cât?

- E donație liberă, avem un cont, dar tu ești invitatul nostru și nu e nevoie. Ne-ai reparat instalația electrică.

- A fost o nimica toată!

- O nimica toată pentru tine, da. Oricum, am trecut datele în emailul pe care l-ai primit. Poți dona o sumă, oricare crezi tu că e potrivită. Mai mult nu-ți spun, oricât ai insista. Cât simți tu!

- Mulțumesc mult, Gabriel! i-am spus, în timp ce ne strângeam mâinile.

- Ne revedem în curând, zise el.

Mi s-a părut că Aura tocmai terminase de vorbit cu Licurici, lângă noi.

- Mulțumesc pentru ceaiuri. Nu am desfăcut pachetul, dar sunt sigur că e ceva bun ascuns acolo! i-am spus.

- Nu trebuie să-mi mulțumești! Plantele au fost culese de cei veniți în tabere, așa cum și tu ai adunat lemne pentru noi și cei care vor mai veni.
- Urmează o altă tabără?
- Ne va spune Gabriel. El plănuiește taberele, dar acum vom rămâne numai noi pentru câteva zile.
- Ce grozavi sunteți, i-am zis. Mulțumesc pentru tot!
- Cu drag!

Soare o luă de mâini și îi spuse ceva ce eu nu am mai auzit. Deja eram întors către Robert.

Ne-am salutat și ne-am mulțumit, și după alte îmbrățișări, am pornit către casă, lăsând în urma noastră șapte oameni, un câine și un foc în mijlocul pădurii.

Încă îmi răsunau în minte, ca un ecou, cuvintele pe care mi le-a șoptit Mama atunci când m-a îmbrățișat de bun rămas: *Tu să ai grijă de sufletul tău!, Să ai grijă de sufletul tău!, Ai grijă de sufletul tău!, Sufletul tău!...*

Coboram încet drumul parcă desprins dintr-un tablou, alături de Frunză, Tigru, Onix, Licurici și Soare. Mă simțeam energic, plin de viață și nerăbdător să ajung acasă, să-mi văd oaspeții, câinii, casa...

În dreptul casei, m-am despărțit de ceilalți printr-un interminabil salut, adunând cuvinte și gesturi cu mâinile din ambele părți, în timp ce câinii mei ne lătrau de zor. Iată, am ajuns și eu să fiu unul dintre ciudații de pe munte.

Am ajuns acasă și m-am pus cu voluntarii la povești, după ce câinii aproape că m-au răsturnat sărind pe mine, ca și cum nu ne-am fi văzut de un an. După câteva minute, a venit și Paul. Desigur, am mâncat, am fumat o țigară cu poftă și am băut o cafea. Eram șase oameni pe terasă, povestind despre minunea de tabără din care tocmai mă întorsesem și spre care încă nu știam că aveam să plec din nou în câteva ore!

Am povestit într-una, până când, într-un final, m-am dus să despachetez, să mă spăl și să mă întind în pat ca să-mi organizez treburile în minte. Aveam multe planuri de făcut pentru zilele următoare. Punând lucrurile în ordine, am găsit plicul. M-am așezat pe pat și l-am deschis:

Dacă vrei să găsești răspunsuri la întrebările tale, te vei duce chiar astăzi la FAGUL CEL MARE. Să ajungi înainte de apus! Vei sta trei zile, 72 de ore, fără telefon, fără alte obiecte și fără hrană, doar cu 15 litri de apă și cele necesare pentru dormit. Am încredere în tine!
Ne vom întâlni acolo.
Succes!
Gabriel

Poftim?! Sarcina asta a venit ca un trăsnet!

Am vrut să verific emailul și am luat telefonul, dar când l-am deschis, a murit în mâna mea. M-am lăsat pe spate, pe pat, cu ochii pierduți în tavanul alb. *Numai ce am ajuns acasă!* mi-am spus, pe jumătate obosit și pe jumătate regretând, pentru că știam deja ce decizie urma să iau.

De afară, de pe terasă, se auzeau vorbe și râsete și lătraturi de câini, semn că cineva trecea pe drum. Am ieșit și m-am dus țintă la gard. Atunci am văzut-o pentru prima oară. O cheamă Carla.

Eram pe drum spre FAGUL CEL MARE, minunându-mă de mesajul din scrisoare, de mine, dar mai ales de apariția fetei care urca spre tabără. Am văzut-o abia după ce trecuse de casă și se apropia de curba dinspre pădure. Ducea un rucsac în spate și o sticlă cu apă. Nu o văzusem din față, dar bănuiam că era frumoasă, după mers. Picioarele ei, pașii făcuți cu încredere, statura dreaptă și atletică, și părul bogat, castaniu, ținuta ei, toate o făceau frumoasă. Și mă gândeam la ea, pășind pe urmele pașilor ei, în drum spre pădure.

De la cruce, am mai mers pe drumul știut dar, nu cu mult înainte de tabără, am cotit direct către fag. Mergeam pe pământ, departe de potecă, pe scurtătură. Un fel de drum imaginat, printre copaci înalți, fagi, mesteceni și brazi pictați cu verde, mult verde plăcut. Pietre, conuri de brad, frunze, pietre printre frunze, rădăcini de copac ieșite din pământ, băltoace, iar frunze și foșnetul lor. Voiam să-l caut mai întâi pe Gabriel, dar mi-am amintit ce mi-a scris - *ne vedem acolo*. Probabil că m-a lăsat să ajung acasă și să-mi lămuresc lucrurile cu cei veniți, ca să pot pleca liniștit. Aveam încredere în el. Lăsasem telefonul acasă și îi spusesem lui Paul unde să mă caute în caz de urgență. Voluntarilor le dădusem câteva mici sarcini, dar, în mare parte, i-am lăsat să se bucure de zilele de ședere.

Aveam cu mine cortul, 15 litri de apă (câte 5 pentru fiecare zi), un izopren, o lanternă frontală, briceagul, un caiet și un pix, un sac de dormit și câteva haine, unele impermeabile. Apa am adus-o în bidoane de câte 7 litri (care mi-au tăiat degetele pe drum), plus o sticlă de 1 litru în rucsac. M-am oprit de multe ori din cauza lor. Faptul că le căram și pe ele în mâini mă făcea să simt rucsacul din spate mult mai greoi decât era. Cel mai mult am stat să mă odihnesc lângă o piatră acoperită de mușchi verzi. Pe urmă, pășind atent, am luat-o din loc. Știam că nu urma să bat vreun record. Chiar nu mă grăbea nimeni. Îmi părea rău că nu luasem toiagul deacasă, dar deja aveam mâinile ocupate cu bidoanele de apă. Aș fi putut, totuși, să-l leg de rucsac. Nu se știe la ce poate fi util un toiag în pădure. În sfârșit, puteam să găsesc o bâtă oriunde în jurul meu.

Paul și voluntarii mi-au explicat despre autofagie, atunci când le-am spus unde și de ce urma să plec din nou. *Adică te mănânci pe tine după câteva ore de post negru*, zise Paul. *Făcând foamea, corpul va consuma din grăsime! Dar nu pentru slăbit te-au trimis ei acolo, ci pentru că în a treia zi vei gândi mult mai limpede!* mi-a explicat el. Desigur, am căutat cuvântul în DEX și am găsit: *Consumare a propriilor țesuturi de către un organism supus inaniției.* Apoi, câteva articole de pe internet m-au convins. Am printat o singură foaie pe care am luat-o cu mine, Piramida lui Maslow. Nu știu de ce, dar mi-a plăcut. Tocmai o văzusem pe Facebook și mi-am zis *să am cu mine ceva de studiat*. I s-ar fi potrivit mai bine lui Frunză, care nu cred că a primit același mesaj de la Gabriel și aceeași provocare.

Am gemut când am lăsat bidoanele cu apă și rucsacul pe pământ, și am răcnit ca un animal atunci când m-am așezat. Cu mișcări încete, m-am apucat să montez cortul pe un loc drept, de unde cred că erau vreo trei sute de metri până la tabără. Zona FAGUL CEL

MARE e largă, dar copacul e unul. Mă aflam sub el, lângă o vatră de foc. Probabil că și-au mai petrecut și alții nopțile sub fag de-a lungul taberelor. E interesant cum, uneori, trecem pe lângă locuri și lucruri și nu le observăm, iar alteori, cum făceam eu acum, analizăm cele mai mici detalii din jur.

Timpul s-a risipit încet, pentru că nu aveam nimic altceva de făcut. Mi-a părut rău că nu am luat niște sfoară ca să meșteresc un scăunel. Nu știam unde să mă așez, până când am găsit o bucată de lemn, destul de incomodă. Am scos izoprenul, l-am întins și m-am așezat pe spate. Am stat așa lungit până când, pe cerul albastru-închis de seară, au apărut câteva stele printre ramurile fagului și ale copacilor din jur.

Am adus cu mine și țigările, câte au mai rămas în pachet. M-am gândit să le împart pe zile. Dacă n-am fumat în cele 7 zile de tabără, acum ar fi fost deja prea mult să renunț și la ele. Aș fi luat-o razna. M-am ridicat și m-am hotărât să fumez o țigară în mod conștient. Am băut deja un litru din apa cărată, dar mi-ar fi plăcut ceva mai consistent lângă țigară. O bere sau măcar un ceai. M-am cufundat cu totul în țigară, ea devenind centrul atenției mele, însă nimic deosebit nu s-a întâmplat. Țigara s-a terminat, ca de fiecare dată, la capăt.

Focul s-a aprins repede cu ajutorul unor bucăți de scoarță de mesteacăn puse sub vreascurile uscate. Am stat multă vreme privindu-l, dar îmi și ciuleam urechile, de teama unor animale sălbatice care ar fi putut să apară oricând din întunericul deja lăsat peste lume. Și n-a durat mult până când m-am speriat de moarte. Stăteam lângă foc, cu mâinile împreunate în jurul picioarelor și cu bărbia pe genunchi. Dintr-o dată, am auzit pași rapizi în apropiere. Un animal venea în grabă spre mine. Am înțepenit. În acea clipă, mi-au trecut multe prin cap. Pentru o fracțiune de secundă, mi-am imaginat că, dacă îmi întorceam capul spre dihanie, ar fi putut să mă muște de față. Mi s-a făcut pielea de găină și simțeam că mi s-au îndreptat toate firele de păr. Dintr-o dată, am simțit respirația cuiva în ureche. Atunci când mi-a tras o limbă pe obraz, am știut! Venise Radar să mă păzească și mi-a fost mare bucuria, tot atât de mare ca sperietura.

M-am întins pe spate liniștit, știind că Radar doarme lângă cort. Lângă cort și lângă foc. *Oare cei din tabără au văzut focul? Cine era fata care venise la ei?* N-am văzut și n-am auzit nimic din direcția lor. Parcă spuneau că următorii oaspeți aveau să le vină mai târziu. *Cu siguranță aveau nevoie de câteva zile numai pentru ei, și totuși, cum de a venit fata despre care nimeni nu pomenise?* Scărpinându-mă în barba care-mi gâdila gâtul, mă întrebam unde erau ceilalți și ce provocări primiseră în scrisorile lor.

Știam că pârâul era în apropiere, deși nu puteam să-l aud. În schimb, auzeam o pasăre care țipa ca o sirenă de salvare și nu se mai oprea, pe cand mie mintea îmi fugea prin alte locuri. Și reușea, ca de fiecare dată. Când sunt singur, îmi imaginez des ce se întâmplă într-un loc îndepărtat și plin de oameni. Și invers. Când mă aflu într-un loc plin de lume, îmi fuge gândul la un astfel de loc retras.

Chiar și cu Radar în apropiere, briceagul stătea deschis în colțul cortului, la o palmă distanță de mâna mea. Am adormit buștean.

ANDY HERTZ

FAGUL CEL MARE

Ziua 9

E GROZAV, chiar dacă locuiești la munte, să ai astfel de zile în care să te trezești în sunetele naturii, să aprinzi un foc între câteva pietre și să n-ai absolut nimic altceva de făcut. Nu trebuie să mergi la muncă, nu trebuie să pregătești micul dejun, nici cafeaua și nici să te gândești la treburile zilei. Telefonul nu sună și nici contoarele utilităților nu se mai învârt. Pur și simplu, stai și asculți. Ai mirosul pădurii și dansul focului. Te ai pe tine, cu totul, de când soarele se înalță pe cer peste pădurea FAGULUI CEL MARE și până când se stinge în fel și fel de culori minunate în spatele muntelui de peste vale. Și dormi în tihnă până când îl vei privi din nou în față. E minunat să poți fi prezent în fiecare clipă!

Radar plecase pe când încă dormeam, dar simțeam că nu era prea departe. Dacă aș fi fluierat, cu siguranță că el m-ar fi auzit primul. Dar dacă altceva m-ar fi auzit primul? Nu-mi plăcea cum suna gândul ăsta.

Surprinzător, încă nu mă luase foamea și m-am trezit

absolut odihnit și energic. Îmi schimbasem ora micului dejun în tabără, unde mâncam la mai bine de două ore după trezire. Dar n-a durat destul starea mea de tihnă și pace, pentru că atunci când stai, pur și simplu, mintea se auto-inundă cu gânduri. Am mai fumat o țigară. A doua. Mai aveam încă patru țigări în pachet.

Fumatul conștient devenise interesant. Nu e ca atunci când fumezi vorbind la telefon sau povestind cu un prieten, ci, pur și simplu, fumezi și te concentrezi numai la fumat. Parcă pe la jumătate îmi venea să o arunc, dar era tot ce aveam interesant de făcut deocamdată.

La un moment dat, priveam spre tabără, pe jumătate ascuns la umbra unui brad, gândindu-mă la ei. Îmi spuneam că nu locul era deosebit, ci ei! Fără ei, FAGUL CEL MARE ar fi fost un simplu fag, iar eu n-aș fi avut ce vă povesti.

Măsuram trecerea orelor cu mâna întinsă și patru degete puse între soare și crengile unui copac - mai erau multe ore până la apus.

Soarele se ascundea printre frunzele copacilor, iar eu îl urmăream trăgând izoprenul după mine. Pe la amiază, m-a luat rău foamea. Speram ca vitamina D de la soare să mi-o taie câtuși de puțin, dar lucrurile n-au stat așa. Eram desculț, bocancii așteptau la ușa cortului.

Ca să mai treacă timpul și gândurile, m-am apucat de gimnastică. Printre flotări și abdomene, am făcut câteva tracțiuni, atârnat de creanga unui copac și m-am cățărat în el, cât de sus am putut, de vreo cinci ori. După ce am obosit, m-am apucat de numărat frunzele de pe o creangă din fața mea și am continuat să fac din nou flotări până când am rămas fără puteri.

De ce am venit în acest loc și ce anume caut să descopăr? Care sunt responsabilitățile mele? Ce pot controla cu mintea? Care e libertatea adevărată și care sunt limitele mele? Cine e fata?

Mă comparam, distrându-mă, cu brazii, cu florile, cu animalele. Îmi imaginam ce-aș fi făcut dacă m-aș fi transformat într-un lup. Sau într-un șarpe.

La un moment dat, mi-am amintit de zilele copilăriei mele, acoperite vara de un albastru perfect și iarna de nori albi și grei de zăpadă, și de lumea aceea veselă, rămasă la fel în memoria mea. Dar eu m-am schimbat. E firesc ca, în copilărie, realitatea adulților să fie ignorată, pentru că fiecare copil o refuză în mod natural. Ea nu e pentru copii. Realitatea celor mici e magică dar, din păcate, dispare curând după adolescență. Nu te poți opune copilăriei și realității ei, nu te poți lupta cu ea și nici nu ar avea rost, cum nu te poți opune nici realității adulților, care vine la pachet odată cu maturizarea. Trăim oarecum două vieți diferite într-una, dacă totul decurge normal. Viața de copil și cea de om matur.

Când am devenit matur, viața mai mult mi s-a întâmplat decât să o fi construit eu. Trăiam ce mi se întâmpla și cam atât. Dar, de-o vreme, am învățat că pot construi mult, desigur, pe lângă ceea ce se întâmplă oricum. M-am schimbat. Am ales aceste trăiri.

Mintea mea, în lipsa tehnologiei, se transformase într-un fel de Google, accesând tot felul de amintiri și imagini din trecut. Cu asta se ocupă mintea.

Afară, în pădure, nu se întâmpla nimic deosebit, doar

culorile se schimbau odată cu trecerea soarelui către muntele de peste vale. Când a început să alunece în spatele muntelui, mi-am trasat un cerc în jurul FAGULUI CEL MARE şi mi-am imaginat că, în interiorul lui, o energie magică mă proteja de orice rău.

Când m-a pălit foamea mai puternic, am încercat să rezist, deşi mi se învârteau în minte fripturi, pâine caldă, brânză, mere, cireşe, care, oricât le-aş fi aliniat, nicicum nu formau trei la fel ca să câştig jackpot-ul. Şi iarăşi îmi era foame. Focul lumina mai tare decât urmele soarelui rămase pe cer după apus, iar lângă el, pe un lemn, aştepta caietul în care se afla doar foaia printată cu piramida trebuinţelor, a lui Maslow. Nu l-am deschis. Fluieram încet, încât să mă audă doar Radar, care însă n-a mai venit. Noaptea răcoroasă umpluse pământul după o lungă zi, iar eu am mai fumat încă o ţigară privind focul, apoi m-am dus în cort şi am adormit destul de greu. Stomacul meu plângea şi, nu departe de cort, cânta o bufniţă.

ÎNTÂLNIREA

Ziua 10

SE RUPEAU NORII și se revărsau peste pământ atunci când m-am trezit. Și era rece, atât de rece încât stăteam ascuns în sacul de dormit, dârdâind de frig. Ploua cu găleata peste lume, iar pădurea se îmbiba de apă și pe pârâu curgea noroi. Aveam noroc cu amplasamentul și cu cortul rezistent la apă, micul meu refugiu. Mă gândeam că puteam să mor de foame sub FAGUL CEL MARE, în frig și-n ploaie. Viața putea să mi se termine în pădure și corpul meu să devină hrană pentru animalele sălbatice. Nu simțeam nicidecum un sentiment de regăsire sau vreo revelație, așa cum m-aș fi așteptat. Degeaba răsfoiam gânduri, în căutarea unuia care să-mi explice șederea aceea în sălbăticie. Dar, curios, nici nu-mi venea să plec.

Am ieșit să mă spăl pe față și să acopăr niște lemne cu o pungă pe care o ținusem în rucsac cu câteva haine, apoi am revenit în cort și am stat în el ca un melc în căsuța lui.

Ce să și faci într-un cort pe-o vreme umedă și

mohorâtă, în mijlocul pădurii, atunci când nu ai o carte, un telefon și nici de mâncare? E greu să stai, mai ales singur, în astfel de condiții. Și mai ales când plouă.

Am scos caietul din nou, cu foaia cu piramida trebuințelor și am desenat-o. De fapt am copiat-o pe hârtie.

Îmi venea rău. Eram înfometat și obosit, și tot ce puteam să fac, făcusem. Adică, să beau apă. Gabriel n-a venit, și nici Radar. Nici să fumez nu-mi trebuia. Numai gândul că aș fi tras un fum de țigară îmi provoca greață. Mai aveam 3 țigări și vreo 9 litri de apă. M-am învelit cu tot ce aveam și am stat cu caietul lângă mine și cu piramida desenată pe prima foaie. Mă gândeam la mâncare și la faptul că ploaia e menită să mă trezească într-un fel, dar nu știam cum și din ce somn. Și am adormit, în timp ce afară, prin pădure, perdele de ceață se mișcau încet, ca niște stafii.

Mai târziu, am deschis ochii în cântecele păsărilor și-n lumină. Cortul nu mai pocnea lovit de stropi de ploaie, ba chiar auzeam păsările cântând. Oare era amiază? Mă durea burta și simțeam din nou că îmi plesnește vezica, ceea ce m-a făcut să ies din cort fără să mai stau pe gânduri și să fug să mă ușurez lângă un mesteacăn. Frunzele ude scânteiau în soare și în aerul proaspăt, iar cerul se înseninase. Soarele licărea în câteva băltoace.

Când m-am întors de la mesteacăn, m-am oprit, năucit fiind de culorile pe care le vedeam printre copaci, în depărtare. Nu există culori mai frumoase în natură decât acelea de după ploaie. Atunci se fac și cele mai bune poze, dar nu aveam vreun aparat la mine.

Simțeam cum burta mi se trăgea în interior, ciudat, ca un ceas care se învârte în sens invers. Parcă îmi era extrem de foame și, în același timp, nu îmi era foame deloc.

M-am spălat la pârâu, în amonte de tabără. I-aș fi putut auzi dacă s-ar fi pus să cânte sau să strige, oricare dintre ei. Dar era liniște în continuare.

Am băut apă și am pornit la plimbare în direcția opusă taberei. Soarele devenise puternic și păsările începuseră să zboare și să cânte peste tot în jur. În apropiere am găsit un copac negru, despicat de fulger, ca o literă T supărată, cu crengile lăsate pe pământ. Am stat lângă el mult, apoi m-am întors, călcând pe urmele făcute de copitele căprioarelor.

Dar, pe la jumătatea drumului, inima și respirația mi s-au oprit pentru o clipă. Fata pe care o văzusem urcând către tabără venea spre mine, alături de Radar. Nu știam dacă se plimba, pur și simplu, sau dacă mă căuta și dacă ar fi trebuit să mă ascund sau să rămân în calea lor. Aveam de traversat trei zile în singurătate și o conversație era probabil interzisă de legile nescrise ale provocării ce mi-a fost dată. Purta bocanci și avea șosetele colorate trase peste colanții mulați, iar cozorocul șepcii aproape că îi acoperea ochii. Când ne-am întâlnit privirile, s-a oprit pentru o clipă, apoi a mai făcut câțiva pași până în fața mea, apucându-și părul împletit în coadă, pe care l-a adus în față, peste umăr, jucându-se cu elasticul care îl prindea. Buzele ei, ochii mari și trupul zvelt ascuns sub bluza cu glugă și mâneci largi, mi-au răscolit stomacul gol.

- Bună, zise ea, cu privirea mirată.

Nu știam dacă să încerc să spun ceva sau să-i comunic cumva prin semne că se cădea să tac. În cele din urmă i-am răspuns:
- Bună!
- Ce faci aici? întrebă ea, privindu-mă de jos în sus și de sus în jos.

Radar nu se mișca de lângă ea, semn că se cunoșteau și locul nu-i era străin.
- Ăăă, eu sunt la FAGUL CEL MARE... adică sunt aici, dar trebuia să fiu acolo.
- Mi-a spus tata despre tine. De aceea n-am venit la FAGUL CEL MARE. Am pornit prin pădure, ca să nu te deranjez.

I-a spus *tata* despre mine...
- Gabriel?
- Da, zise ea. Gabriel e tatăl meu!

Doamne, cât de perfectă ești, mi-am zis... Eram de vârstă apropiată și... de fapt, m-am îndrăgostit pe loc de ea! Mi-am uitat toate gândurile și mi-am pierdut controlul privindu-i ochii și buzele; parcă eram un sac gol.
- Carla! se prezentă ea, și îmi întinse mâna pe care i-am prins-o fără să-mi mut ochii din ochii ei, atingere la care aveam să mă gândesc mult după aceea.
- Marco! i-am răspuns și Carla mi-a zâmbit.

Apoi și-a tras mâna, pentru că eu uitasem să-i dau drumul.
- Încep să am dubii cu privire la faptul că ceea ce se petrece aici e real, i-am spus, rupând tăcerea dintre noi.
- Dacă ai venit să stai trei zile, înseamnă că nu te temi de adevăr.
- Nu mă tem!

- Spor în ce faci, Marco! Îmi pare bine de cunoștință! zise ea, aruncându-și părul împletit pe spate.
- Mulțumesc, Carla! i-am răspuns, sprijinindu-mă de un copac să nu cad, iar ei porniră la drum.

Am rămas în urma lor, privind-o lung. Abia dacă găseam aer de ajuns în mijlocul pădurii. Era de-a dreptul perfectă!
- Te rog să-i spui lui Gabriel că sunt la FAGUL CEL MARE, am strigat după ea.

Carla s-a întors, mergând cu spatele câțiva pași, și mi-a răspuns râzând:
- Știe!

Am ajuns năucit înapoi la cort și am făcut focul. Mă gândeam la Carla, privindu-mi palma în care îi ținusem mâna și speram să o revăd a doua zi. Eram atât de slăbit, încât îmi era teamă de drumul către casă cu rucsacul în spinare. Mă gândeam la cât de mult voi aprecia fiecare mușcătură dintr-un măr sau fiecare boabă de strugure. Eram într-o altă lume, reală, dar paralelă. Nu paralelă cu cea din sat, ci cu cea trăită în ultimii ani la oraș. Lumi diferite, pe aceeași planetă. Lumi în care alegem sau nu să trăim. Lumi ca și versanții munților, unul plin de verdeață, iar celălalt, opus, plin de zăpadă în miezul verii. N-am mai făcut sport, ci doar am stat atent la ce se petrecea cu mine. Plimbarea și întâlnirea cu Carla m-au obosit și m-au înviorat în același timp. N-a fost ușor. Dar, încă nu am ajuns la final. Fiți atenți!

Încetul cu încetul, soarele a alunecat după munte și cerul s-a întunecat. Trebuia să mănânc ceva, de undeva, orice! Autofagia bătea în clopotul meu intern. Mâncam din mine...

Venise Radar și se așezase dincolo de foc, cu botul pe labe, privindu-mă.

- De ce nu mi-ai spus de ea? l-am întrebat, dar el nu m-a băgat în seamă. A adormit ascultând poveștile mele, iar eu mi-am fumat țigara de seară. I-am spus despre drumul meu spre școală, atunci când eram în liceu și nu fumam. I-am descris în detaliu cum treceam pe lângă niște chioșcuri de ziare, unde făceam la dreapta și unde auzeam adesea sunetul de tramvai, chiar dacă nu-l vedeam traversând intersecția - acele bubuituri și trăncănituri ale roților pe șine. *Bufbufbufbuf!* Atunci nu fumam. Eram liber, nefumător, curat.

Am aruncat în foc ultimele țigări rămase. Radar deja adormise. Mai aveam o noapte și o zi în față, trebuia să le trec cum se cuvine prin post. Și am revenit la copilărie. Dintr-o dată, mă aflam la marginea terenului de fotbal, sprijinindu-mă cu un picior de gardul din piatră, privind de pe bicicletă cum se jucau câțiva copii cu mingea. Eram nefumător.

În jurul meu nu se întâmpla nimic special, doar sunetele pădurii formau un cântec care îmi devenise drag. Meditam și simțeam cum pădurea întreagă mă îmbrățișa. Simțeam că toți copacii, toate plantele și chiar animalele ascunse, mă urmăreau de pe undeva. Știau ce făceam. Știau despre mine. Și Carla era aproape.

Întâlnirea adevărată cu mine a avut loc noaptea, după ce ea s-a lăsat ca o plapumă peste pădure. La sute de kilometri distanță, bănuiam că viața curgea normal prin orașele paralele locului în care mă aflam. Autobuzele orelor târzii probabil că rulau cu unu-doi călători, măturătorii străzilor frecau măturile de asfalt și, pe ici-colo, câte o sirenă de ambulanță probabil că anunța un alt accident vascular cerebral. Nici călătorii autobuzelor, nici măturătorii și nici șoferii ambulanțelor din tura de noapte nu cred că și-ar fi putut imagina, sau că le-ar fi păsat, că într-o pădure de munte, un ciudat se întâlnea cu sine însuși.

Întâlnirea cu mine!

În toiul nopții, după ce focul se stinsese demult, m-am trezit privind luna și mi-am ridicat mâinile spre ea, ca într-o bătaie de aripi invizibile.

Mai țineți minte omul ciudat de care s-a speriat Paul, m-am speriat și eu și v-ați speriat și voi?

Noaptea, singur sub lună, fără obiecte, fără casă, eram un cerșetor, chiar eu. Un cerșetor care nu căuta bani, nici măcar hrană, ci lumină. Iar luna se oglindea în ochii mei. Ba chiar întreg Universul se afla în mine. Îmi simțeam mâinile curate, și mușchii, și nasul, și părul... O luasem razna sau mă vindecam? Mă simțeam parte din natură, la fel ca un cerb, un mugur de brad, un cărăbuș de mai sau un strop de ploaie. Eram luna către care îmi ridicam mainile. Eu eram natura.

IEȘIREA DIN CERC

Ziua 11

FAPTUL CĂ AM REUȘIT să trec peste două zile și trei nopți fără mâncare însemna un succes enorm. Dar a venit ziua a treia sub FAG. Mi-am propus să mă gândesc la mine, la viața mea, și să uit pentru moment de Carla, folosind energia păstrată în corpul meu pentru supraviețuire. Dar nu am uitat.

Radar dormea în fața cortului și a ridicat o ureche când am deschis fermoarul și am scos nasul să adulmec aerul dimineții. Chiar dacă nimic nu se compară cu o dimineață însorită în pădure, m-am trezit cu dureri de cap și mi se părea că tremuram. Venise ziua plecării acasă, dar mai aveam mult până la final. Timpul parcă se dilatase, fără ceas, și ziua avea să se lungească mai mult decât oricare alta de până atunci. Mă simțeam slăbit fizic, sleit de puteri, dar cu mintea limpede. Iar lumina dimineții îmi inunda cortul.

Cred că intrasem în faza de alertă, iar corpul meu, dacă mi-ar fi putut controla mintea și nu invers, ar fi pornit la vânătoare ca un zombi, pregătit să lupte și să omoare pentru supraviețuire.

Acum înțelegeam singurătatea, în peticul meu de libertate, de claritate. Un simplu cort, într-un cerc făcut în jurul unui copac. Deliram sau gândeam prea limpede, nici nu știu cum să explic. Auzeam mai clar ca oricând cântecul păsărilor din pădure. Niciodată nu le-am mai auzit astfel. Puteam să aud și apa clipocind în pârâu, ceea ce atunci când am venit era imposibil. Să fi fost de la ploaie sau mi s-a ascuțit auzul? Poate că a fost de la ploaie!

Mintea creează realitatea. Uneori fuge de ea însăși. După ce mă voi relaxa - o iluzie. Mă duce capul destul? Salată de vinete. Carla! Dacă grijile mele vin din altă parte? Am scăpat de lucruri inutile. Sunt liber. Apă. Zâmbetul ei. Porumbeii din Veneția. Epuizarea EGO-ului. Vreau să salvez oameni! Recunoștință pentru natură, pentru corpul meu, pentru trecut! Mi-e foame! Când ești bolnav nu mănânci. Când ești sătul și energic vrei să lupți. Sunt ok. De ce fumez? M-am pregătit pentru viață, dar dacă nu mă opresc, apuc să mai trăiesc? E minunat să fii om. Aș vrea să o sărut. Sper că e singură, trebuie să fie singură! Voluntarii. Câinii. Vreau să vadă lumea cine sunt! De ce? Salată de vinete. Ce simplă e, de fapt, viața! Să mă salvez pe mine! Unde mi-e puterea? Alerg și caut! Supă cu găluște. Vreau să dovedesc! Bere rece. Gabriel. Nu trebuie să dovedesc nimic! Post negru. Sos de mere. Carla... Ah, câtă energie îmi consumau gândurile! Stăteam pe loc, dar totodată curgeam ca un râu.

Eram conștient de gândurile mele. Veneau, se îngrămădeau, se amestecau și plecau. Priveam copacii; pe Radar; păsările; norii; flăcările focului; și, în toate, îmi vedeam gândurile.

Stând lângă foc şi privindu-mi gândurile în flăcările lui, am remarcat unul despre cei dragi. Mi-am dus degetele la obraz şi le-am simţit umede de lacrimi. Dorul de ei mă apăsa în piept. Atunci am izbucnit în plâns.

Nu le puteam număra, dar erau multe, zeci de păsări viu colorate şi vesele în jurul meu. Treceau în zbor dintr-un copac în altul şi ciripeau prin cuiburile lor sau pe crengile ascunse în spatele frunzelor, în timp ce încercam să le cuprind cu vederea. Când îmi aduceam aminte, priveam către tabără şi eram hotărât ca, după terminarea celor trei zile, să trec pe acolo în drum spre casă. Trebuia să o revăd pe Carla.

Am mai pus câteva vreascuri pe foc şi am luat caietul în braţe. M-am pus să copiez cuvinte de pe foaia printată pe foaia cu desenul piramidei lui Maslow. La baza piramidei am scris cuvintele aer, hrană, apă, cămin, odihnă, căldură, reproducere şi am notat sub ele *nevoile de bază*. Deasupra lor am tras o linie, am notat *resurse, sănătate* şi m-am oprit să mă gândesc. Am scris deasupra de tot - ALFA. Sub ALFA am notat respect, statut... şi m-am oprit iar. Şi, între toate, am scris, în final, familie, prieteni, apartenenţă, SENS. Îmi simţeam picioarele mai mari şi mai cărnoase decât restul corpului. Între ele şi piept simţeam un gol imens. Parcă nu se mai legau.

După-amiază mi-am revenit complet. Puteam să fac din nou flotări. Intrasem în faza de auto-hrănire din grăsimea depozitată pentru zile grele, ca aceasta. Cea mai bună hrană pentru creier. Socoteam mai departe orele rămase din zi, cu degetele puse între soare și dealul din față. Mai erau două-trei ore până la apus. Radar plecase. Deja mă obișnuisem cu aparițiile lui neplanificate, ca și cu plecările-i neanunțate. Pur și simplu, apărea și dispărea când avea el chef. Viață de câine, nu?

M-am așezat în fața focului, privindu-l. Îmi împingeam limitele către un punct în care n-am mai fost și nici n-aș fi crezut că urma să ajung vreodată. Mă simțeam slăbit. Îmi era dor de casă și realizam că timpul aici a fost de ajuns sau poate chiar prea mult. *Asta trebuie să fac și acasă - să stau uneori și doar să privesc cerul, focul sau să meditez. Așa pot curge odată cu timpul și pot să trăiesc fiecare secundă.* Apoi, ca și cum ar fi dispărut totul, mintea mi s-a luminat. Eram doar eu și nimic altceva. Atunci și acolo am descoperit sensul a tot ceea ce făcusem și m-am simțit împăcat cu mine, cu realitatea, cu viața.

Chiar dacă lucrurile bune, cât și cele rele, se termină undeva, această experiență avea să-mi rămână în amintire ca fiind una dintre cele mai grozave din viață. Dacă nu s-ar fi terminat atunci, s-ar fi transformat, poate, într-o dramă. Aș fi murit de foame sau aș fi devenit un animal de pradă. De cele mai multe ori, înțelegeam acum, experiențele se termină, dar pot să le trăiesc intens atunci când se întâmplă. Așa e viața! Iar la finalul ei, îmi spuneam, asta rămâne - clipe trăite din plin, care fac să merite efortul. Doamne, cât de clar îmi era totul! Mintea mi se limpezise, iar eu respiram adânc, umplându-mi plămânii cu aer curat. Aruncasem ultimele țigări în foc, pentru că nu voiam să mă distragă, dar nu eram hotărât să renunț la ele pentru totdeauna. Dar atunci, pe moment, m-am dedicat acelor clipe de trăit intens și limpede. Trebuia, iată, să reînvăț lucruri simple, ca de exemplu, să mănânc. Deși o fac de atâta vreme...

Voiam să intru în cort să mă întind puțin, dar chiar atunci i-am auzit glasul și am tresărit:
- Ești puternic!
M-am ridicat. Carla era acolo. Avea părul despletit, în cercul meu de protecție, în mica mea lume, în care nimic altceva nu mai exista. Totul a dispărut atunci, în afară de noi doi și FAGUL CEL MARE, iar Carla s-a apropiat de el, atingându-l cu grijă. Mă simțeam plin de bucurie și puternic, iar inima îmi pulsa ca nebuna. Nu îmi puteam lua ochii de la ea.
- Nu știu dacă ești adevărată sau mi te închipui!
- Vino și vezi, zise ea, închizându-și ochii și lipindu-și corpul și obrazul de copac, îmbrățișându-l.
Mi-a luat vreme de-un pas să ajung și să-i dau părul la o parte.
Am prins-o de mijloc și i-am șoptit la ureche:
- Tot nu știu dacă ești adevărată.
- Dacă ai stat trei zile aici înseamnă că nu ți-e teamă de adevăr! repetă ea ce-mi spusese cu o zi înainte.
Am înghițit în sec privindu-i gâtul și l-am atins cu vârful buzelor, urcând încet către ureche, apoi coborând pe maxilar. Am prins-o de încheietura mâinii și i-am simțit pulsul. Nu s-a mișcat până când i-am sărutat

colțul buzelor și atunci s-a întors către mine. Și m-am trezit. Singur în cort. Tot ce rămăsese din vis erau bătăile puternice ale inimii mele. M-am întins și am oftat.

Soarele se pregătea să se retragă. După măsurătorile mele cu degetele, mai aveam vreo oră de lumină, așa că m-am apucat să adun cortul. Mai rămăseseră vreo trei litri de apă și, înainte să golesc bidoanele, am mai luat o gură din lichidul vieții. Am privit în jur, mândru de mine. Adunasem toate lucrurile și, în afară de vatra cu focul stins, n-am lăsat nici o urmă a șederii mele. De acum știam ce frumoasă e viața simplă!

- Ai reușit! a strigat atunci Gabriel din depărtare, oprindu-se și apăsându-și toiagul în pământ.
În câteva clipe, ne-am apropiat și ne-am strâns în brațe. Mă îmbrățișa ca un tată mândru, ca și cum aș fi terminat școala și mi-aș fi luat examenul de absolvire. Ne-am privit în ochi și ne-am strâns mâinile.
- Mă bucur că ai stat până la capăt! Să duci un lucru la bun sfârșit îți dă sentimentul minunat de realizare și îți întărește încrederea în tine. Amintește-ți ce lucruri ai mai dus la bun sfârșit. Te va motiva, îmi zise.
L-am privit, încercând să-mi amintesc, dar am schimbat vorba, pe un ton supărat, pentru că îmi era foame:
- Parcă am mult mai multă energie, dar sunt rupt de foame! Te-am așteptat!
- Te-am văzut de departe. Mi-a spus și Carla că v-ați întâlnit. Ai putea să faci asta periodic, mă îndemnă Gabriel. Te ajută în sănătatea fizică și mentală, înlătură

depresia, anxietatea... e o resetare pentru ceea ce ești tu. Chiar dacă o faci pentru o zi, tot e ceva. Și nu trebuie neapărat să vii, ci să stai în capătul grădinii tale, dar să fii dezlegat de toate.

- Aici, în pădure, e mai bine!
- Deși pare mai greu! Haide, vino în tabără să mănânci înainte de drum. Carla ne-a gătit supă cremă de linte.

Abia așteptam. I-am zâmbit și m-am întors să-mi iau lucrurile.

- Mulțumesc, Gabriel! i-am spus, ridicând rucsacul și aruncându-mi-l în spinare. M-am întors către FAGUL CEL MARE și, înainte să plec, i-am mulțumit în gând și lui.

- Haide să mergem, zise Gabriel.

Ne îndreptam cu pași mici către tabără.

- Am reușit să nu mănânc trei zile, i-am raportat încântat.
- Autofagia are o grămadă de beneficii!
- Chiar aveam nevoie de o resetare și nu mi-ar fi trecut prin minte cum anume s-o fac. E interesant modul în care un om își ocupă mintea chiar și atunci când, aparent, nu are nimic de făcut.
- Teama și nesiguranța transformate în curiozitate, zise ca și cum ar fi vorbit singur.

Dar mi se adresa:

- Înțelege ce se întâmplă în corpul tău, în mintea ta, în lume. Observă și învață! Fii atent mereu, iar viața îți va răspunde!
- Adică, să înțeleg nevoile naturii?
- Dacă nu asculți și nu ești atent, nu poți pricepe. Cum să respecți natura sau cum să-i oferi ceva, dacă n-

o pricepi? Poți învăța de la alții, la fel cum poți învăța un text pe de rost, dar nu înseamnă că înțelegi. Una e să înțelegi tu direct ce trebuie să faci, iar alta e să ți-o spună altcineva.

- Am învățat să respect hrana!
- Sunt puțini cei care respectă hrana. Oamenii sunt ca niște paraziți, continuă Gabriel. Ei nu omoară ca să trăiască. Nu simt nevoia să planteze. Doar caută să se distreze și să se sature la nesfârșit - și, totuși, nimeni nu reușește!

Gabriel s-a oprit și s-a sprijinit de toiagul cu care venise.

- Ai învățat câte ceva!
- Da! Am învățat să-mi fac timp pentru mine, să-mi dedic timp, în fiecare zi, ca să privesc, pur și simplu, spectacolul din jurul meu.
- Excelent! remarcă Gabriel, privindu-mă cu ochi calzi și umezi. Eu așa am învățat să-mi dau cariera pentru o chemare, să fiu în serviciul altora. Iar tu ai învățat și despre încrederea de sine, recunoștință, conștientizare și viața fără ceas, dar ești doar la început.
- Cum ai făcut să și practici sensul vieții tale? l-am întrebat, opriți acolo, stând pe loc.
- Am ieșit din cerc, am evadat, am scăpat venind în pădure, pentru că am ales realitatea. Acum a venit rândul tău.
- Am înțeles, Gabriel! În sfârșit, am înțeles!

Dar vouă nu vă spun secretul meu, pentru că trebuie să găsiți voi înșivă FAGUL vostru, unde să stați trei zile nemâncați, ca să înțelegeți ce am înțeles eu. Chiar dacă strălucește o lumină deasupra tuturor, și e veșnic acolo, nu toți o pot vedea fără efort. Din păcate mulți nu o vor vedea niciodată.

- Ești pe drumul cel bun! zise Gabriel. Toți găsim răspunsurile în noi înșine. Răspunsuri în interior, uneori cu ajutor din afară. Acesta e sensul taberelor, sensul celorlalți. Sensul comunității!
- Cred că ați schimbat viețile multor oameni prin ceea ce faceți!
- Asta e și speranța noastră, dar trebuie să-ți spun ceva! Vom pleca în curând, mărturisi el. Am venit pentru șapte luni ca să nu prindem iarna, dar ne-am reorganizat și am rămas trei ani. Ne-a plăcut prea mult de la început.
- Unde veți pleca? l-am întrebat cu tristețe.
- Au trecut trei ani de zile. Ne-am vindecat și e momentul să ne oferim ajutorul acolo unde e nevoie de noi.

M-a întristat vestea lui - tocmai când ne împrietenisem, rămâneam fără ei.

- Când veți pleca?
- Curând, zise Gabriel.
- Și tabăra? Rulotele?
- Încă nu știm. Poate că unii dintre noi se vor întoarce. Vom vedea. Haide să mâncăm!

Și astfel ne-am dus către tabără, unde urma să o revăd pe Carla.

FAGUL CEL MARE, care nu lua lucrurile atât de în serios, rămase în urma noastră, la veșnica lui datorie.

Înainte de apus am venit, înainte de apus am plecat, sărind pârâiașul odată cu Radar.

ANDY HERTZ

ÎNCHEIERE

A TRECUT ȘI A DOUA IARNĂ, iar viața la munte mă făcea fericit. Soarele de primăvară încălzea pământul și casa era mereu plină. Paul ne cânta adesea la chitară, iar timpul trecea lin și fără ceas. Dar dorul de tabăra din pădure nu ne-a părăsit, și uneori mergeam să aprindem focul în vatră și doar să stăm, lăsându-ne mângâiați de adierile ușoare de vânt. Am rămas uneori și peste noapte. Aveam grijă de loc, pentru că așa ne-am înțeles când au plecat *ciudații*. Ziceau că vor reveni în vacanțe, ei, sau chiar prieteni de-ai lor.

La magazin veneau uneori scrisori de la Mama și Gabriel. Deși puteau trimite un simplu email, preferau să folosească poșta tradițională. Le deschideam cu nerăbdare pe terasa barului.

Cel mai mult m-a întristat aceea despre Ocean și moartea lui stupidă - înecat în propria-i vomă. Nu s-a dus la dezalcoolizare, după cum am bănuit. *Îmi place să privesc cerul,* îmi spunea el în acea noapte în care am ieșit din cort să-l întâlnesc în pădure. De atunci, mă gândesc la Ocean când privesc cerul, și mă gândesc la cer când îmi amintesc de Ocean. Parcă știa că nu mai avea timp. Și n-a mai avut.

Puteți citi și voi frânturi din scrisori, cele mai interesante:

Dragii noștri copii,

Vă scriu cu tare mare dor! Sunteți legătura noastră vie cu locul care ne-a vindecat sufletele.
Avem vești noi - Robert s-a logodit cu Licurici. Numele ei real e Laura. Locuiesc împreună cu fiul ei și, desigur, cu Radar. Deși Robert lucra ca inginer constructor, acum se ocupă de dresaj canin și noua lui ocupație îi încântă pe toți patru. S-au mutat la țară, dar nu departe de oraș. Licurici și-a mutat acolo cabinetul, la sat, unde pacienții ei vin cu mai mare drag. În loc de camera de așteptare, stau pe bănci prin curtea-parc amenajată de Robert.

....

Onix a rămas însărcinată după ce s-a căsătorit cu Tigru, imediat după ce au plecat din tabără. Sunt tare fericiți împreună, se vede pe fețele lor. Ne-au vizitat săptămâna trecută.
Soare s-a despărțit de soțul ei, dar locuiesc în apropiere unul de celălalt, astfel încât să fie amândoi aproape de fetița lor.

....

Frunză a slăbit 30 de kilograme și vrea să vină la FAGUL CEL MARE ca să stea o vreme.
Se pare că tabăra a folosit tuturor, mai puțin lui Ocean - îmi pare atât de rău pentru el! Din păcate,

Ocean a pierdut o luptă grea.

Ceilalți au avut parte de schimbări pozitive după acea săptămână minunată împreună.

....

Alex lucrează la un centru alternativ, pentru că dintotdeauna și-a dorit să practice medicina, dar vede cu totul altfel meseria lui acum, iar Aura are un magazin cu plante și leacuri naturale, deschis recent împreună cu sora ei într-un mic orășel. Alex și-a vândut apartamentul și s-au mutat împreună la țară.

Despre Linda și Daniel v-am scris data trecută când erau plecați în India. S-au reîntors, iar pensiunea lor e plină de turiști. Daniel le gătește rețete din toată lumea, dar vestea mare e aceea că Linda are un cabinet de psihoterapie tot acolo.

....

Eu și Gabriel suntem ocupați cu cursurile noastre. Se adună multă lume în șură. Ne place tare mult cum a ieșit și cum se petrec lucrurile. Tot ce facem, facem cu bucurie. Gabriel pictează în continuare tablouri minunate, tot mai bune, pentru că a învățat să picteze pentru el. Iar eu cred că o să mă reapuc și de arhitectură, din plăcere.

Vestea grozavă e aceea că niciunul dintre noi nu mai trăiește la oraș. Cu toții ne-am mutat la țară, chiar dacă unii dintre noi trebuie să facă naveta sau să meargă, din când în când, la oraș.

....

Țineți-vă bine – înainte să veniți la noi vom petrece un weekend împreună la FAGUL CEL MARE! Vom fi mulți!

Până atunci, ne bucurăm că aveți grijă de loc!
Ținem aproape!
Cu mult drag și dor,
Mama și Gabriel

Adesea alergăm pe munte, dimineața devreme. În dreptul crucii, o luăm la dreapta pe drumul știut. Trecem de curba mare și facem la stânga, fără să ne oprim, până în pădure. Alergăm prin ferigă și prin dumbravă și ne odihnim lângă copaci. Când e cald ne întindem în iarbă, și, privind coroanele copacilor și cerul, fluierăm ca și atunci, în dimineața în care mă așteptase Daniel. De trei ori lung, apoi lung, scurt și iar lung. Și fluieratul se întoarce. Ne răspunde pădurea, iar și iar! Trebuie doar să fluierăm!

Acum, când vă scriu, e o seară de vară și soarele încă își împrăștie razele prin cămăruța în care am amenajat biroul meu. M-am gândit să pun povestea pe hârtie pentru că, dacă eu n-aș fi trăit-o, mi-ar fi plăcut să o fi citit într-o carte. Ar fi fost păcat să nu aflați că sus, în pădure, dincolo de ferigă, arde focul și miroase a ceai. Și vă place și vouă să știți că e așa, sunt sigur! E greu să păstrez secret faptul că, adesea, diverși oameni urcă spre pădure, urmăriți de privirile noastre prietenoase. Până la primul izvor, când bagajele încă nu-i apasă destul, merg povestind între ei. De la al doilea izvor, vorbesc mai puțin și se gândesc mai mult la ceea ce caută. Și chiar dacă nu înțeleg ce caută, se îndepărtează de ghearele ce încearcă să-i apuce din urmă. Drumul către FAGUL CEL MARE face granița între două lumi. Cei veniți în tabere urcă pe jos, chiar dacă mașinile lor ar putea ajunge mult mai ușor până la marginea pădurii, pentru că efortul acesta împinge în urmă, sub tălpile lor, puțin câte puțin, lumea pe care nu și-o mai doresc. Au în față drumul schimbării propriilor lor vieți, care pentru nimeni, niciodată, n-a fost ușor.

Astăzi, după prânz, am fost până sus într-o plimbare, ca să ajutăm două doamne ce urcau cu prea multe bagaje, și am rămas să bem un ceai cu prietenii noștri de la FAGUL CEL MARE.
Bine ați venit în lumea noastră magică! strigase către cele două doamne, apropiindu-se vioi, prietenul nostru care ne întâmpină de fiecare dată cu brațele larg deschise. *Haideți lângă foc să-i cunoașteți pe toți. Eu sunt Frunză!* se prezentă el noilor venite. Mă minunez de câte ori îi văd zâmbetul molipsitor, pentru că mi-l amintesc urcând cu greu muntele. Tot ce și-a păstrat din viața pe care și-a dorit să o lase în urmă sunt câteva haine, care i-au rămas largi și îi vin într-un fel amuzant. Iar Carla... Carla m-a strâns de mână și m-a sărutat, apoi am pornit și noi după Frunză, ajungând, pentru a nu știu câta oară, cu aceeași bucurie, lângă focul care arde, mai departe, între pietrele și *ciudații* din pădurea FAGULUI CEL MARE.

ANDY HERTZ

Mulțumiri

Am început să scriu cartea SENS pe 10 iunie 2021 și mi-a luat un an de zile să o duc la capăt. În tot acest timp, am fost ajutat de mai mulți oameni cărora vreau să le mulțumesc aici.

Clara L. Popa, îți mulțumesc pentru munca de editare și corectură. Mă bucur nespus că ne-am întâlnit la timp și că lucrăm atât de ușor împreună! De asemenea, doresc să mulțumesc vecinilor Marcel Limbășan, Andrei Gherghe și Alexandru Drăgan pentru că îi sunam, oprindu-i din treburile lor, și le puneam întrebări *ciudate*, iar ei aveau răbdare de fiecare dată să-mi răspundă; medicului Vasile Hațegan, pentru că mi-a dat răspunsuri detaliate întrebărilor de ordin medical, pe care m-am străduit să le înțeleg și să le redau corect - sper că am și reușit; celor care m-au ajutat cu versurile pentru poezioara SENS, care a fost scrisă exact așa cum ceruse *Linda* - Petra Onciu-Popovici, Emil Ciucur, Amarilys Pop, Paula Bora, Cristina Șerban, Denisa Gruncă, Laurențiu Aioanei, Cristina Salit, Răzvan Vâlceanu, Alina Xhafa, Viorel Matieș și Cristian Lazăr; lui Marius C. Stoian și tuturor celor care au fost în tabăra pe care a condus-o la Pojorâta – cabana Gura de Rai, unde am învățat ce se petrece într-un *silent retreat*; sunt extrem de recunoscător familiei și prietenilor pentru suportul, încurajările, criticile și sfaturile lor prețioase pe marginea manuscrisului.

Ion Hălălaie mi-a dat câteva idei fără de care această carte ar fi arătat cu totul altfel. Între timp inima lui s-a oprit. Nelu, dacă într-adevăr există viață după moarte, cum spuneai, îmi place să cred că mulțumirile mele ajung și la tine.

Vă mulțumesc tuturor celor care ați citit cartea inspirată de locul în care trăiesc și de oamenii pe care i-am cunoscut de când sunt aici, nu departe de pădurea FAGULUI CEL MARE.

VIAȚA, CEL MAI FRUMOS CADOU

Este o carte care se bazează pe întâmplări reale, idei și planuri despre aspecte importante ale vieții. Toate povestirile dezvăluie experiențe care te pot ajuta să îți găsești propriul drum în viață, indiferent de statutul social, mediul în care trăiești sau norocul pe care crezi că îl ai sau nu. Aceasta este cartea sufletului meu, simplă și sinceră, cartea pe care mi-aș fi dorit să o fi primit în dar cu mult timp în urmă...

DEVINO REGE SAU RĂMÂI PION

Banii nu trebuie să devină un scop, ci o unealtă, un element cu ajutorul căruia te vei putea elibera din lanțurile sistemului care te exploatează din momentul în care ți-ai reglat ceasul deșteptător pentru prima ta zi de muncă. Acest sistem, atunci când te prinde, te poate face să îți vinzi timpul, să renunți la plăceri și, în unele cazuri, să te îndepărtezi de drumul pe care îți dorești, de fapt, să călătorești prin viață. Mai mult, te face să pierzi din vedere alte posibilități, oarecum îți spală creierul de visuri și te setează pe o singură direcție. Majoritatea oamenilor acceptă acest sistem ca pe o moștenire primită de la părinți și adoptă credința care spune că acesta este singurul mod în care oamenii pot să trăiască. Cei mai mulți dintre ei vor rămâne fideli acestei credințe pentru toată viața, educându-și urmașii în același fel. Iar ceilalți, puțini și liberi, îi vor conduce!

MUTAT LA ȚARĂ
VIAȚA FĂRĂ CEAS

Se întâmplă uneori, dar în zadar, să căutăm dincolo de noi și de ale noastre, peste mări și țări, ceea ce avem dintotdeauna acasă. O căsuță frumoasă din lemn, lavița din târnaț, cuptorul de pâine, căței și pisoi, izvoare și păduri, copilul care-ai fost și o mulțime de noi prieteni, milioane de stele și cerul, potecile și văile munților, undeva la țară...

                                        toate te așteaptă!

DRAGOSTEA UNUI TATĂ CARE NU A AVUT TATĂ

Munca, frământările, visurile și dragostea multor generații de oameni care au vâslit vremuri întregi prin furtună pentru a trece valuri înalte, pe care astăzi cu greu ni le putem imagina, pentru ca eu, sau poate tu, copiii tăi sau poate copiii copiilor tăi să ajungă la mal, s-au împletit într-un fir pe care te răsucești de acum și tu, adăugându-ți peste un timp priceperea, eleganța, curajul și dragostea peste toate cele ce au fost. Asta înseamnă NOI, familia noastră, iar tu ești o întindere, un val de ușurare, un ram al unui arbore mare și bătrân, și viu. Vocea ta este vocea mea și a tuturor celor datorită cărora trăim, iubim și suntem ceea ce suntem.

Să știi în inima ta că oriunde m-aș afla, oricând și oricât de departe în timp sau în spațiu, dragostea mea pentru tine te va înveli ca o haină de lumină, te va hrăni, te va proteja și nu te va părăsi niciodată, pentru că am fost unul și același, și așa vom rămâne mereu!

În infinitul ăsta ciudat, printre miliarde de clipe și fire de praf, suntem aici, împreună. Așa s-a întâmplat, să fii a mea, să te iubesc. Pe veci!

Cu dragoste,
Tata

www.ingramcontent.com/pod-product-compliance
Lightning Source LLC
LaVergne TN
LVHW091635070526
838199LV00044B/1071